Les Éditions du Boréal
4447, rue Saint-Denis
Montréal (Québec) H2J 2L2
www.editionsboreal.qc.ca

Fin de cycle

La Dénationalisation tranquille. Mémoire, identité et multiculturalisme dans le Québec postréférendaire, Boréal, 2007.

La Cité identitaire (codirection avec Jacques Beauchemin), Montréal, Athéna et Chaire de recherche du Canada en mondialisation, citoyenneté et démocratie, 2007.

Mathieu Bock-Côté

Fin de cycle

Aux origines du malaise politique québécois

Boréal

© Les Éditions du Boréal 2012
Dépôt légal : 1er trimestre 2012
Bibliothèque et Archives nationales du Québec

Diffusion au Canada : Dimedia
Diffusion et distribution en Europe : Volumen

*Catalogage avant publication de Bibliothèque et Archives nationales du Québec
et Bibliothèque et Archives Canada*

Bock-Côté, Mathieu, 1980-

    Fin de cycle : aux origines du malaise politique québécois

    Comprend des réf. bibliogr.

    ISBN 978-2-7646-2168-4

    1. Québec (Province) – Politique et gouvernement – 2003- . 2. Idées politiques – Québec (Province). 3. Québec (Province) – Histoire – Autonomie et mouvements indépendantistes – 4. Conservatisme – Québec (Province). I. Titre.

FC2926.2.B62   2012   971.4'05   C2012-940000-9

ISBN PAPIER 978-2-7646-2168-4

ISBN PDF 978-2-7646-3168-3

ISBN ePUB 978-2-7646-4168-2

À mon père,
à ma mère

*Dieu se rit de ceux qui déplorent les effets
dont ils chérissent les causes.*

BOSSUET

La triste fin d'une époque

*Je voudrais seulement comprendre d'où viennent
à la fin nos rendez-vous manqués.*

RÉGIS DEBRAY

Un demi-siècle après le début de la Révolution tranquille, le Québec ne sait plus trop où il en est. Les élans lyriques, surtout ceux du nationalisme, n'emportent plus grand monde, sinon une frange de moins en moins dynamique de la société québécoise, qui demeure accrochée au mythe de l'indépendance même si celle-ci ne semble plus se profiler à l'horizon. L'appel de la patrie, plus personne ne l'entend vraiment. On se lasse de ces généraux des guerres passées qui n'en finissent plus d'appeler à la revanche et qui ne rassemblent autour d'eux qu'une armée de vétérans aussi épuisés les uns que les autres. Les grands hommes d'hier sont devenus de charmants grands-pères. Ils appartiennent à l'histoire, certes, mais ils ne la feront plus. Ce n'est pas que la souveraineté fasse peur aux Québécois, c'est que la question nationale les lasse. Alors que l'idée d'indépendance a galvanisé le nationalisme québécois pendant plusieurs décennies, elle a dégénéré sous la forme caricaturale du souverainisme officiel, à la manière du dernier fantasme de la génération boomer. Avec la Révolution tranquille, l'indépendance est passée de rêve à idée à projet. Aujourd'hui, elle fait le chemin inverse. L'actualité politique confirme cet éparpillement du souverainisme en mouvances et chapelles, les unes se radicalisant, les autres remettant aux calendes grecques la lutte pour l'indépendance. Habitués aux catégories mal taillées, les journalistes croient reconnaître chez les souverainistes des pressés et des patients. Il faudrait plutôt distinguer entre les utopistes et les réalistes. Ce qui reste du souverainisme parlementaire, tout occupé à gérer un fonds de commerce électoral, ne sait plus trop quoi faire de son option. La toile de fond de cette crise politique ? Une mutation fondamentale de la question nationale, une transformation en profondeur de la polarisation politique, un remaniement aussi, peut-être, de la conscience historique qui risque de passer du registre de l'émancipation à celui de la démission. C'est l'espace politique institué avec la Révolution tranquille qui ne parvient plus à exprimer les transformations politiques et idéologiques de la société québécoise. Souverainistes, fédéralistes : il se pourrait bien que bientôt ces termes relèvent davantage de l'histoire des idées que du vocabulaire politique. Les Québécois ne savent plus à partir de quelles catégories appréhender leur condition politique.

Tous ceux qui ont reconnu d'une manière ou d'une autre la légitimité du nationalisme refondateur porté par la Révolution tranquille vivent une forme de deuil politique. Car de près ou de loin, nous avons tous évolué, depuis quelques décennies, sous le signe d'une Révolution tranquille qui promettait un dénouement positif de la question nationale. Entre l'indépendance à la Marcel Chaput, la souveraineté-association à la Lévesque et le fédéralisme renouvelé de Bourassa, tous convenaient de la nécessité existentielle d'un nouveau statut politique pour le Québec. La refondation politique du Québec n'était aucunement réductible aux prescriptions de la rationalité instrumentale. Or, désormais, cette question est devenue la passion spécialisée des militants souverainistes, des journalistes politiques et des professeurs de droit constitutionnel. Les principes essentiels de la question nationale ne disparaissent pas, mais on ne parvient plus à les mettre en forme politiquement, à les articuler de telle manière qu'ils structurent de nouveau l'espace politique. On avait cru la question nationale indépassable. Nous nous trompions. Plus besoin d'y répondre, car apparemment elle ne se pose plus. Mais la question nationale n'est pas la seule à se disloquer. C'est tout l'héritage de la Révolution tranquille qui est contesté. La social-démocratie, maquillée sous les traits du modèle québécois, séduit surtout les corporatismes qui y trouvent un avantage concret, et ils sont de moins en moins nombreux à en profiter (évidemment, l'expression désigne encore, pour une bonne partie de ceux qui s'en réclament, une aspiration à la justice sociale que l'on ne saurait ridiculiser ou réduire à une obsession collectiviste portée par les seuls syndicats). Inversement, ceux qui en paient le prix ne veulent plus le faire. La fracture sociale s'élargit et se double d'une fracture culturelle. Les classes moyennes, qui se sont constituées dans les paramètres du modèle québécois, en sortent peu à peu pour se redéployer dans les paramètres de l'économie continentale et mondialisée et critiquent la bureaucratisation abusive des rapports sociaux, et plus encore, peut-être, l'inefficacité des services publics auxquels elles sont persuadées d'avoir droit et pour lesquelles elles paient. La crise de l'éducation comme celle des services de santé est révélatrice de l'épuisement d'un modèle social : les institutions qui devaient nous introduire à la société, celles qui devaient nous permettre de la quitter dignement, semblent en faillite. On ne saurait minimiser l'importance de ces questions, on devrait se garder, surtout, de les isoler les unes des autres, en faisant comme si ce n'était pas une crise généralisée que subissaient les institutions québécoises. En fait, ces questions sont toutes liées, parce qu'à travers elles c'est la question du bilan de la Révolution tranquille qui est posée de nouveau. Un bilan que les Québécois ne sont jamais parvenus à faire, en bonne partie parce qu'ils ne l'imaginaient même pas possible. La conscience historique était bouchée.

La question de l'éducation est probablement la plus symptomatique de ce dérèglement collectif. Alors que la démocratisation de la culture et de l'éducation était au cœur de la Révolution tranquille, que ses grandes figures l'ont présentée comme sa plus belle conquête, on constate aujourd'hui qu'elle s'est menée à partir d'une philosophie pédagogique niveleuse, fonctionnant à l'égalitarisme radical, incapable d'encadrer socialement les élèves et de leur transmettre un héritage culturel et un bagage de connaissances pourtant nécessaire à leur insertion dans leur propre civilisation, leur propre société. La démocratisation de l'école a dégénéré sous la double influence de la pédagogie de l'estime de soi et de l'égalitarisme identitaire qui entend remplacer la discipline nécessaire à l'apprentissage par une valorisation systématique de la créativité, nouvelle vertu placée au cœur de ce qu'on a appelé le « renouveau pédagogique ». On ne fait plus confiance à l'école, ni à sa capacité d'encadrement social, ni à sa capacité de transmission culturelle. La transformation de l'école en laboratoire du pédagogisme montre bien à quel point un certain progressisme poursuivant l'utopie du recommencement radical de la société au nom de la pure transparence égalitaire pouvait abîmer des institutions qui ne peuvent exister sérieusement que dans la durée. L'école québécoise se présentait comme la grande victoire de la Révolution tranquille. Se pourrait-il qu'elle représente en fait la grande victime du modèle québécois, d'une société technicisée, technocratisée, qui a renoncé à l'humanisme sans lequel la transmission culturelle n'est plus possible ? La technocratisation du lien social n'est-elle pas la conséquence d'une technicisation « ontologique » de l'existence, d'un appauvrissement symbolique de la collectivité, qui ne parvient plus à apercevoir et à ressentir sa propre épaisseur historique ? L'individualisme radical a tendance à prospérer dans une société qui n'en est plus une.

Cet ouvrage pose une série de questions qui ne s'épuisent évidemment pas dans l'actualité, même si elles y trouvent souvent leur origine. Si je devais résumer ce livre en une question, je la poserais en deux temps : pourquoi la souveraineté du Québec a-t-elle échoué et quelles sont les conséquences de cet échec ? Sans être professeur de désespoir, on peut bien en convenir : notre fin de cycle n'a rien de joyeux. Non pas qu'il ne fasse pas bon vivre au Québec, cette société d'une douceur indéniable particulièrement choyée à l'échelle du malheur des peuples, selon la formule assez juste de Robert Bourassa. La société québécoise a les qualités de ses défauts : molle, mais douce ; bonasse, mais généreuse ; accommodante à outrance, mais ouverte ; prudente, mais timorée. Il n'en demeure pas moins que la situation politique nous invite à redécouvrir les bienfaits de la prudence, justement pour mieux traverser une période de basses eaux historiques. Le peuple québécois est appelé à gérer intelligemment la défaite d'un idéal qui en était venu à se confondre avec son propre destin et qui était celui de sa refondation politique, de sa refondation nationale. Une certaine idée du Québec a avorté. Fin de cycle, oui. La société québécoise est occupée à assumer ses échecs, même si elle ne veut pas les admettre. En un mot, le souffle de la Révolution tranquille ne soulève plus personne, et ce qui en reste, une petite brise nostalgique, en incite beaucoup à se lover dans leurs souvenirs, certainement plus inspirants que la grisaille contemporaine. Les repères collectifs habituels se brouillent, de nouveau tardent à se constituer, car nous ne savons plus à quelles catégories idéologiques et sociologiques nous référer pour déceler spontanément les préférences collectives dans les sondages. De là la constitution du grand parti des ni-ni. Ni souverainistes, ni fédéralistes, ni de gauche, ni de droite : les Québécois cherchent surtout à se déprendre d'une cartographie politique qui les enrégimente dans des camps aux idéologies préfabriquées, remplis de militants prêts à plaquer leurs catégories et leurs visions du monde sur une société en pleine transformation qui refuse, pour le meilleur ou pour le pire, les plans d'avenir qu'on avait conçus pour elle. « Du changement ! » c'est le mot d'ordre. Changer pour quoi ? On ne le sait pas trop. Mais on le sait quand même un peu : surtout, changer d'époque. Ça, les Québécois le désirent. Et plus le changement tarde, plus la population s'exaspère de l'impuissance collective. En fait, le sentiment d'impuissance politique qui domine le Québec contemporain correspond peut-être plus profondément à un sentiment d'impuissance historique.

Il y a une certaine désespérance politique dans le Québec actuel qui donne à plusieurs l'envie de se replier dans l'intimité, en jouant le jeu de la dépolitisation, sans plus assumer d'aucune manière la responsabilité des affaires de la cité. La vie privée serait-elle finalement moins décevante que la vie publique? Ou alors, on s'investit dans la vie publique exclusivement pour une cause locale qui vise à transformer son milieu de vie, souvent pour empêcher un projet de développement, d'ailleurs. La vie publique devient un prolongement de l'intimité, elle ne la surplombe plus. On encore, on carbure à la mode idéologique du moment. L'écologisme a la cote depuis un certain temps; on devine qu'il l'aura longtemps. Il permet de se désaffilier de la communauté politique nationale en fournissant l'alibi de la citoyenneté globale. Il faut sauver la planète. On peut donc relativiser les malheurs de son pays, non? L'individu désaffilié se présente ainsi comme un citoyen du monde exemplaire: il porte la belle tunique verte des militants conscientisés qui ne votent plus chez eux mais qui politisent à outrance leur vie quotidienne au nom du penser global et de l'agir local. Cette conception touristique de la citoyenneté correspond pratiquement à une individualisation de l'identité qui va de pair avec sa dépolitisation. Désormais, les individus postmodernes ne consentent à s'inscrire que dans les cadres de solidarité qu'ils ont choisis, sans comprendre qu'une telle solidarité élective est le contraire même d'une solidarité réelle politiquement vécue. La nomadisation des identités va aussi de pair avec une vision en rose des rapports entre les groupes humains. Ceux-ci ne rencontrent plus aucun conflit significatif qui ne soit susceptible de se résoudre par le simple exercice d'une pédagogie appliquée à la déconstruction des préjugés. Exit l'histoire, exit le politique.

Si le peuple québécois renonce véritablement à exister en son propre nom dans le monde et sur la scène de l'histoire, il se brisera en deux: il n'y aura plus de Québécois, seulement des citoyens du monde, je l'ai dit, et des provinciaux indifférents à leur propre folk-lorisation, qui se demanderont de plus en plus pourquoi leur différence nationale à l'échelle continentale ne devrait pas tout simplement s'effacer, se relativiser. Pendant longtemps, la contestation de la loi 101 a été une exclusivité de la frange la plus radicale du lobby anglophone. Désormais, cette cause est relayée par un nombre croissant de francophones, qui se classent souvent à droite, comme si la revendication du bilinguisme se substituait aux revendications en faveur de la sauvegarde du français. Un peu comme si l'identité québécoise était devenue trop lourde à porter et que certains voulaient désormais s'en dévêtir. La condition québécoise se présente ainsi comme un fardeau, quelque chose dont on doit se délivrer pour accéder à l'universel (et dans ce cas, l'universel des marchés parle anglais), plutôt que de le faire à partir d'elle. Cette nouvelle droite s'est pendant un temps concentrée sur la critique socioéconomique du modèle québécois, accusé d'entraver la prospérité. Sa condamnation du modèle québécois s'étend désormais à un autre aspect de ce qu'elle appelle l'héritage « étatiste » de la Révolution tranquille : les lois linguistiques. Ce rejet s'accompagne d'une disqualification plus généralisée de la question nationale. La chose est révélatrice, car cette nouvelle droite trouve à s'enraciner chez nous dans une pathologie singulière : le mépris de soi, qui a longtemps représenté le côté sombre de la culture canadienne-française. Cette pathologie se réactive aujourd'hui à travers un désir d'américanisation, notamment repérable dans certaines radios de Québec, où la culture québécoise est généralement assimilée à la médiocrité. C'est ce que j'ai appelé ailleurs l'« émancipation par l'anglais ». On rêve de parler l'anglais « sans accent » (bien qu'on ne sache jamais où est parlé dans le monde cet anglais sans accent!) pour mieux cacher une origine québécoise ressentie comme honteuse et se dissoudre dans une culture que l'on croit supérieure. On rêve surtout d'une dissolution du particularisme historique québécois dans l'environnement nord-américain. Au mieux, on relativise la différence québécoise ; au pire, on la dénigre. Dans aucun des deux cas on n'entend l'assumer et lui reconnaître une portée fondatrice. La culture québécoise est présentée comme un cadre asphyxiant auquel il faudrait échapper. C'est ainsi qu'on peut comprendre les revendications de plus en plus pressantes pour la bilinguisation des jeunes générations. Le désir de s'angliciser est plus ou moins classé parmi les droits fondamentaux. Le libertarianisme recouvre ainsi un désir plus ou moins avoué de désaffiliation culturelle. La nouvelle droite finit par concurrencer la gauche multiculturelle dans la déconstruction de l'identité québécoise.

Étrange sentiment : celui du déclassement du Québec, de la caducité de son expérience historique, de l'inutilité de sa communauté politique. Les souverainistes ont longtemps vanté les avantages exemplaires de leur cause : avec la souveraineté, le Québec deviendrait un petit paradis. Personne ne les a jamais crus. Avec raison. L'indépendance n'est porteuse d'aucun miracle social. Mais inversement, ils n'ont pas suffisamment insisté sur les conséquences de son éventuel échec, sur le déclassement social et identitaire des Québécois francophones qu'il risque d'entraîner au Québec même. Celui qui échoue son indépendance régresse existentiellement. S'il est possible de suspendre à court ou moyen terme la poursuite de l'indépendance en travaillant plutôt à la préservation de ses conditions de possibilité, en travaillant à la rénovation d'une société abîmée dans ses fondations et fragilisée dans ses assises, il faut dire une chose clairement : le jour où le peuple québécois renoncera définitivement à l'idée d'indépendance, ou qu'il la considérera comme totalement impraticable, pour des raisons qui pourraient relever de transformations démographiques majeures, principalement, ou d'un étrange affadissement du sentiment national, un ressort identitaire profond se brisera chez lui, qui enclenchera une dynamique de folklorisation le conduisant à une agonie politique lente donnant un nouveau visage à ce que Hubert Aquin avait appelé la fatigue culturelle du Canada français. Éviter que la défaite du souverainisme ne se transforme en déroute pour le Québec représenterait en quelque sorte une victoire collective, si minimale soit elle.

* * *

Cette fin de cycle correspond à une transition historique. À avoir trop retardé certains changements nécessaires, ceux-ci viennent tous en même temps et s'entrechoquent les uns les autres. À tout le moins, on peut en avoir l'impression. Parce que tout arrive en même temps, on ne sait pas exactement ce que sera le résultat exact de cette mutation de l'espace politique, de cette transformation de la configuration politique. Certes la transition historique que j'essaie de décrire pourrait prendre encore plusieurs années pour s'accomplir définitivement, mais elle pourrait aussi être précipitée par une accélération de l'histoire prenant la forme banale d'un grand balayage électoral consacrant d'un coup le remplacement de la classe politique et le renouvellement des enjeux du débat public. C'est ce qui s'est passé le 2 mai 2011 avec la vague orange du Nouveau Parti démocratique qui a en quelques semaines englouti l'espace politique québécois. Et à moins de soutenir la thèse un peu hasardeuse de l'«irrationalité» de l'électorat, malheureux pantin d'une comédie médiatiquement organisée, ou de sa stupidité — une thèse qui fleure bon le mépris des classes populaires —, on doit faire l'hypothèse que l'appui au Bloc s'est effondré politiquement parce qu'il s'était idéologiquement et sociologiquement décomposé depuis un bon moment déjà, depuis plusieurs années probablement. Le vote en faveur du NPD a brouillé les cartes. Vote de gauche? Vote populiste, plutôt. Mais surtout, vote exaspéré devant un système politique bloqué qui ne parvient plus vraiment à offrir d'authentiques alternatives aux citoyens, sinon celle entre une équipe de gestionnaire et une autre, mobilisant des réseaux d'influence en concurrence pour l'exercice du pouvoir. Le NPD permettait de se déprendre des schèmes politiques fixés d'avance et de congédier d'un coup l'ensemble de la classe politique. Une proportion considérable de l'électorat est disposée désormais à s'engager dans «le changement pour le changement», à congédier l'ensemble de la classe politique et surtout les représentants les mieux installés du statu quo. Ce à quoi nous avons assisté le 2 mai 2011 avec la vague orange en est la confirmation éclatante.

Il y a une tentation populiste forte au Québec en ce moment. Elle se conjugue avec une volonté d'oxygénation de la classe politique, d'autant plus qu'on soupçonne cette dernière, à tort, faut-il le souligner, de manquer d'intégrité dans son ensemble, comme le suggèrent les rumeurs nombreuses de corruption. Tous pourris ! Sortez les sortants ! Ce cri de ralliement n'est pas celui d'un peuple en marche mais d'une foule en colère. Cette tentation populiste, qui répond au sentiment d'impuissance politique devant le blocage de la société québécoise, est susceptible de prendre plusieurs formes. Elle n'est pas indéterminée idéologiquement mais elle peut selon les circonstances être récupérée par les opportunités politiques du moment. On pourrait parler d'une tentation d'abord conservatrice, mais dégénérant dans un certain populisme protestataire, que pourra manier celui qui saura s'approprier sa charge polémique. En fait, cette tentation populiste représente une exacerbation postidéologique du malaise québécois, pour rebrasser radicalement les cartes et proposer une nouvelle donne politique. On l'a souvent noté, la clientèle électorale du NPD recoupait même celle de la CAQ de François Legault. La société québécoise tâtonne, elle cherche à sortir d'une situation politique dans laquelle elle se sent régresser. Le talent politique consiste souvent à convertir des sentiments négatifs en une vision positive de l'avenir. Sans verser dans le cynisme confortable de ceux qui ne croient plus en rien, on conviendra que les grands leaders politiques ne semblent plus aussi nombreux que durant les belles années de la Révolution tranquille.

Cette fin de cycle se présente donc comme un moment d'indétermination historique, politique. De nouvelles alliances sociales peuvent donner de nouvelles alliances politiques. Mais si une société neuve pousse l'ancienne et désire prendre forme politiquement, elle ne saurait la remplacer pour autant selon le principe de la table rase, mauvaise habitude québécoise qui refait surface au moment de piloter d'authentiques changements sociaux. Dans une conférence récente qu'il prononçait devant les militants de la droite québécoise rassemblés sous la bannière du Réseau Liberté Québec, Christian Dufour rappelait un principe que nous ne devrions pas quitter des yeux dans les années à venir : « changer sans renier quatre siècles d'histoire ». La table rase est un fantasme que les sociétés fragiles n'ont pas les moyens d'entretenir. Celles qui le nourrissent risquent de s'affaiblir définitivement, de se déréaliser, en quelque sorte, comme l'avait déjà deviné François-Xavier Garneau il y a plus d'un siècle et demi en invitant ceux qu'on commençait à appeler les Canadiens français à ne pas expérimenter hasardeusement les théories politiques les plus radicales comme peuvent se le permettre les grands peuples. La vertu de renouveau, fondamentale pour permettre à une société de s'ouvrir à l'inédit, doit se conjuguer avec celle de continuité, sans laquelle elle risque bien de se dépersonnaliser. La société québécoise, avec la Révolution tranquille, a fait l'erreur de ne plus rien vouloir de son passé, en remettant le cadran historique à zéro. Nous comprenons maintenant les effets pervers de cette émancipation sans tradition, de cette société qui confond la confiance en l'avenir avec la détestation du passé[1]. Il se pourrait que les Québécois discernent spontanément les vertus de ce réenracinement. Ainsi, au moment de mettre ses convictions souverainistes sur la glace, François Legault a néanmoins pris la peine de se définir comme un « nationaliste », en appelant au rassemblement des Québécois sous le signe du Québec d'abord. C'est un vieux mot politique qui trouve ses racines dans ce qu'il y a de plus fondamental dans la condition québécoise. On le sait, le terme est polysémique et désigne tout à la fois ceux qui veulent déprendre la fidélité au Québec des seuls paramètres du souverainisme militant et ceux qui travaillent à réinvestir dans le domaine public la question identitaire en l'arti-

---

1.   Éric Bédard vient de consacrer un excellent ouvrage à cette question : *Recours aux sources. Essais sur notre rapport au passé*, Montréal, Boréal, 2011.

culant à la réalité spécifique de la majorité historique francophone. Cette polysémie est heureuse et, dans les circonstances, elle désigne une volonté de marquer une claire appartenance au Québec comme nation historique et comme communauté politique.

Évitons néanmoins de nous perdre dans une actualité dont la trame profonde se laisse aisément deviner sans qu'on sache exactement à quoi elle aboutira. Et remarquons simplement l'émergence de nouveaux clivages, notamment celui entre la gauche et la droite, à partir duquel le discours médiatique dominant entend désormais cartographier les controverses politiques et idéologiques. Ce clivage excite une nouvelle génération d'activistes et d'idéologues qui se sont sentis longtemps tenus à l'écart de notre délibération démocratique. On ne saurait le tourner en ridicule, d'autant qu'il correspond à de réelles polarisations économiques, sociales et politiques. Il ne faudrait toutefois pas tout lui sacrifier. D'ailleurs, il ne faut pas croire que la dislocation de la question nationale et l'épuisement du souverainisme qui en est la conséquence entraîneront fatalement une normalisation gestionnaire de la politique québécoise, comme semblent le souhaiter les tenants du discours des « vraies affaires », pour qui l'existence d'une nation tient exclusivement à ses livres comptables et au calcul se son PIB et qui se contentent d'une vision étriquée du clivage gauche-droite[2].

---

2.   Plusieurs font pourtant ce souhait. C'était le cas d'un collectif d'auteurs, récemment, pour la plupart associés au centre-droit postnational à la québécoise, qui soutenait que « rien ne sert de mettre de côté le vieux débat de la souveraineté si c'est pour relancer la guerre linguistique. Les Québécois tiennent certainement à protéger leur culture et leur histoire, mais l'artillerie lourde préconisée par certains — surveillance linguistique accrue, loi 101 plus envahissante et coercitive, assimilation forcée des nouveaux arrivants — date d'une autre époque. La défense identitaire via le corset législatif ne convainc plus. Le Québec se tire dans le pied en voulant à tout prix rendre sa culture obligatoire ; elle doit, plus que jamais, devenir désirable ». Martin Coiteux et al., « Pour une politique du 21e siècle », La Presse, 9 septembre 2011.

Si l'affrontement entre souverainistes et fédéralistes s'épuise, celui entre les défenseurs de l'identité québécoise et les promoteurs du multiculturalisme semble l'avoir au moins partiellement remplacé. C'est en bonne partie, mais pas exclusivement, par la question identitaire que la question nationale pourrait se reformuler, la critique du multiculturalisme occupant une place de plus en plus importante dans le discours nationaliste québécois, même si la critique du Canada anglais à l'ancienne est appelée à revenir, avec la revalorisation de son héritage britannique par le gouvernement Harper. Depuis la crise des accommodements raisonnables, laquelle représente certainement un événement politique déterminant dans l'évolution récente de la société québécoise, la question identitaire constitue une préoccupation récurrente dans le débat public, au point même où c'est autour d'elle que nous avons assisté à un quasi-réalignement du jeu politique québécois lors des élections générales du printemps 2007, quand l'ADQ a supplanté le PQ. La situation internationale est évidemment favorable à cette mutation, car on constate partout la crise du multiculturalisme, spécialement son échec, surtout dans les sociétés européennes qui l'ont expérimenté jusqu'à la déraison, comme l'ont reconnu chacun à leur tour Angela Merkel, David Cameron et Nicolas Sarkozy. De même, la crise actuelle de la mondialisation nous rappelle l'importance des communautés politiques particulières, des sociétés historiques qui ne consentent pas à leur dilution dans le grand marché planétaire. Nous redécouvrons aujourd'hui la fonction protectrice du politique. Et au cœur de la question identitaire, on trouve un problème fondamental, celui du statut de la majorité historique francophone à l'intérieur de la communauté politique québécoise. Peut-on encore considérer cette majorité comme la culture à laquelle il serait possible de se référer pour instituer la communauté politique, à partir de laquelle définir éventuellement une citoyenneté québécoise qui ne doive aucunement se décharger de son substrat historique ? La majorité historique francophone peut et doit se présenter comme la culture de convergence sans laquelle une éventuelle citoyenneté québécoise n'aura pas plus de valeur qu'un tampon administratif. La question identitaire permet d'aborder les problèmes fondamentaux qui déterminent notre époque et de penser les fondements de la communauté politique, de penser même les conditions de la liberté politique, pour peu qu'on prenne cette dernière au sérieux. C'est une découverte que les sociétés occidentales refont en boucle : une société n'est pas d'abord un assemblage contractuel noué autour de principes mûrement réfléchis mais une expérience historique qui engendre un sentiment d'appartenance, à partir duquel s'institue une identité collective et se définissent les règles de la vie en commune. Une société qui se défait de son héritage risque de se liquéfier. La question identitaire permet d'examiner celle des fondements de la démocratie et de comprendre que cette dernière ne saurait se suffire à elle-même, qu'elle présuppose un peuple historiquement constitué dont on ne saurait décréter l'existence par un simple coup de baguette idéologique, même si celle-ci se réclame de l'« inclusion ».

Or, dans une perspective québécoise, la crise des accommodements raisonnables a révélé un malaise identitaire encore plus profond, lié à l'épuisement de la synthèse identitaire mise en place avec la Révolution tranquille, faite de nationalisme linguistique, de laïcisme et d'appel à la refondation politique du Québec. Les paramètres idéologiques établis au moment de la modernisation de l'identité québécoise à partir des années 1960 la corsettent aujourd'hui trop sévèrement, entravent sa revitalisation. L'identité québécoise est-elle vraiment une création dont le dernier demi-siècle aurait l'exclusivité ? Surtout, on le sent de plus en plus, la nation québécoise ne saurait se définir exclusivement comme une francophonie nord-américaine, selon la suggestion d'un historien comme Gérard Bouchard, par exemple. Nous le savons, une identité collective est faite de ressources nombreuses, certaines puisées dans un passé lointain, d'autres dans un passé plus récent, d'autres composées d'idéaux qui fécondent le présent et l'avenir. Aujourd'hui, la vieille matière identitaire héritée d'avant 1960 se renouvelle et trouve une pertinence nouvelle, tant sur le plan politique que sur le plan de la culture populaire. C'est la question du Canada français et de son héritage qui se pose à nouveau, et plus encore celle du catholicisme qui resurgit comme problème politique et culturel. De vieux symboles culturels longtemps refoulés dans les marges de l'espace public ou longtemps tenus pour acquis regagnent en pertinence pour définir le Québec, pour caractériser ce qu'on pourrait appeler son identité occidentale (une question qui est primordiale pour comprendre la dynamique identitaire du Québec actuel et sur laquelle je reviendrai). Les Québécois travaillent aujourd'hui à refonder positivement leur identité collective. C'est peut-être un des côtés positifs de cette fin de cycle : le nouveau qui s'enclenche pourrait amener une grande réconciliation, de plus en plus souhaitée, entre la mémoire du Canada français et celle du Québec moderne.

C'est bien ici que surgit la question du conservatisme qui représente, en quelque sorte, une manière de se mettre à distance de l'héritage de la Révolution tranquille sans le révoquer ou, si on préfère, une critique interne, un regard critique sur la modernisation québécoise qui, sans en renverser les fondements, chercherait à les relativiser tout en ayant égard à ses effets pervers. Pendant des décennies, la question du conservatisme québécois a été passée sous silence. Le Québec progressiste ne pouvait tolérer l'hypothèse de la reconstitution d'un conservatisme moderne, reconnaissant l'héritage de la Révolution tranquille mais qui s'attacherait à le débarrasser de son utopisme technocratique. L'espace public, surtout, ne pouvait accueillir la manifestation d'un conservatisme cherchant moins à restaurer l'« ancien régime » qu'à poser un regard critique sur la modernité québécoise. Ce n'est pas sans raison que la question d'un conservatisme québécois, qui reste à définir mais qui n'est plus à inventer, traverse ces essais. En fait, le conservatisme apparaît d'un chapitre à l'autre dans ce livre comme une hypothèse qui permettrait de réexaminer les grands problèmes qui ont défini le Québec moderne, comme une manière aussi d'en revenir aux fondements de la question nationale, du particularisme historique québécois. Cinquante ans après la Révolution tranquille, il serait peut-être temps de définir une politique de l'expérience historique qui travaille à préserver les assises fondamentales sur lesquelles s'édifie une communauté politique. Une politique qui fasse de la restauration du processus de transmission culturelle son premier impératif.

Cette politique, on l'a historiquement associé à la survivance. Le terme n'est évidemment plus à la mode aujourd'hui. L'idéologie de la survivance a évolué et son discours, dans les années 1950, était probablement devenu insupportable, mais elle était porteuse d'une disposition existentielle fondamentale, alimentée par le sentiment de notre précarité collective, celle qui est partagée par les petites nations, selon la formule de Kundera, et cela encore plus lorsqu'elles ne disposent pas d'une pleine existence politique. C'est le savoir politique propre aux petites nations : les assises historiques de la communauté politique ne peuvent jamais être tenues pour acquises, et on doit toujours œuvrer à leur consolidation. On peut comprendre les révolutionnaires tranquilles d'avoir voulu s'affranchir de la survivance. Mais en liquidant l'idéologie de la survivance, les Québécois ont peut-être fait disparaître quelque chose de plus : le sentiment pourtant fondamental d'une précarité collective logée au cœur de la condition québécoise. L'utopie désirable d'une normalité québécoise, d'un peuple n'ayant plus à faire de son existence historique une préoccupation constante, a conduit les Québécois à négliger ce qu'on pourrait appeler les « fondamentaux » de la question nationale. Joseph Yvon Thériault les a remarquablement mis en évidence en parlant du Québec comme d'une petite nation qui voulait être grande, et qui avait oublié par-ci par-là certains déterminants essentiels de son rapport à l'existence historique[3]. Il

---

3. Joseph Yvon Thériault, « Le désir d'être grand », *Argument*, printemps-été 2003.

nous faudra d'une manière ou de l'autre redéfinir complètement notre pensée politique. Si la question d'un conservatisme québécois parvient à prendre forme publiquement, ce ne sera pas parce qu'elle aura relayé quelque nostalgie que ce soit, mais parce qu'elle aura lancé, plus fondamentalement, un appel à la refondation dans une société qui espère des changements profonds qui ne seront pas motivés, cette fois, par l'esprit de la table rase.

I

Aux origines du malaise politique québécois

La fin est proche. Juste derrière nous.

JEAN-FRANÇOIS LISÉE, *Sortie de secours*

Depuis plusieurs années maintenant, une dizaine d'années en fait, on sent que l'espace public québécois s'est décroché de la société québécoise. Les Québécois attendent un nouveau leadership politique, ce qui en amène plusieurs à fantasmer sur le retour de « grands hommes » qui seraient restés en réserve de la république. La rumeur persistante ayant entouré pendant plusieurs années le retour en politique de Lucien Bouchard en est un bon exemple. On pourrait dire la chose de la manière suivante : il y a une demande politique massive au Québec qui ne trouve pas une offre correspondante. Ce dérèglement favorise naturellement le développement d'un sentiment d'impuissance politique et de dépossession démocratique. D'une certaine manière, l'espace public officiel s'est révélé incapable de représenter les préférences collectives. C'est dans cet espace politique en pleine transformation qu'émergent de nouvelles offres politiques qui ont en commun de canaliser le mécontentement populaire, soit de manière protestataire, dans le cas du NPD de Jack Layton, soit de manière programmatique, dans le cas de la CAQ de François Legault.

Mais le malaise québécois est rarement exploré dans ses

dimensions sociologiques et historiques. S'ils sont plusieurs à l'évoquer ou à le ressentir, ils sont moins nombreux à en comprendre la nature ou à en deviner la profondeur. Par conséquent, on parvient rarement à évaluer l'ampleur du sentiment d'aliénation éprouvé par la société québécoise. Ceux qui cherchent à exprimer ce malaise n'en fournissent jamais qu'une traduction partielle, politiquement appauvrie, qui évolue exclusivement dans les limites du système idéologique dominant ou qui se contente d'une rhétorique sans contenu assimilant ce malaise à un simple désir de « changement ».

Retour sur l'affaissement du projet souverainiste

Pour comprendre le malaise québécois, on doit voir comment il est symptomatique d'une crise politique majeure qui touche au bilan des réussites et des échecs du dernier demi-siècle. Notre société sort du cycle historique de la Révolution tranquille. Elle ne sait pas toutefois comment en enclencher un nouveau. Une société qui ne parvient pas à traduire dans une représentation claire de son avenir les problèmes qu'elle affronte stagne alors péniblement dans son développement collectif et risque même d'entrer dans une spirale régressive. Autrement dit, quoi qu'en pensent ceux qui font du pragmatisme une idéologie et qui assimilent la politique à une entreprise de *problem solving*, les idées sont indispensables en politique, tout comme le sont les visions d'ensemble, nécessaires pour voir un destin collectif au-delà des intérêts catégoriels qui s'agrègent et s'affrontent dans l'espace public. Le pragmatisme à outrance, si on préfère, ne propose rien de mieux qu'une gestion raisonnable et responsable de notre déclin.

Premier constat, probablement le plus fondamental : le malaise politique québécois correspond à l'échec du projet politique au cœur de la Révolution tranquille, soit la souveraineté du Québec — ou, à tout le moins, la refondation de la fédération selon la vision québécoise du Canada. Après deux échecs référendaires et la disparition progressive des générations politiques et des leaders qui se sont d'abord investis dans la lutte nationale, il faut reconnaître que le projet souverainiste tel qu'il a pris forme dans la dynamique historique de la Révolution tranquille n'adviendra pas. Par échec, il ne faut évidemment pas entendre que l'indépendance n'adviendra *jamais* mais que le *souverainisme* tel qu'il a pris forme dans la société québécoise n'aboutira pas comme projet politique. Pour retrouver sa crédibilité historique, l'indépendance comme idéal devra probablement s'émanciper du souverainisme officiel tel qu'il est actuellement défini, de manière assez caricaturale, d'ailleurs. L'indépendance n'est pas morte (elle correspond à un désir d'émancipation au cœur de la conscience historique québécoise), mais ce ne sont probablement pas les souverainistes tels qu'on les a connus qui la réaliseront, si jamais elle se réalise. Autrement dit, la souveraineté ne sera pas le point d'aboutissement longuement attendu de la Révolution tranquille. Elle devra, pour être de nouveau une hypothèse politique plausible, être dégagée de la mystique de la Révolution tranquille — tout comme de la mystique de la libération nationale entretenue par un certain nationalisme lyrique.

D'aucune manière, on ne doit sous-estimer les conséquences de cet échec dans la mesure où la plus grosse partie de l'énergie politique québécoise depuis un demi-siècle a d'abord été investie dans la résolution de la question nationale. L'affaissement actuel du projet souverainiste et l'impossibilité manifeste d'une réforme de la fédération qui s'accorderait avec la vision québécoise du Canada sont certainement à la source du malaise québécois. Cet affaissement amène en effet notre société à faire un constat d'échec majeur concernant la question autour de laquelle elle s'était structurée depuis le remplacement de l'Union nationale par le Parti québécois. L'échec de la souveraineté telle qu'elle avait pris forme comme projet à l'époque de la Révolution tranquille oblige la société québécoise à tourner la page sur une période importante

de son histoire. Elle l'oblige surtout à gérer cette défaite intelligemment, pour éviter qu'elle ne tourne au désastre, un désastre qui
pourrait être accéléré, d'ailleurs, par les jusqu'au-boutistes de l'indépendantisme qui préféreront s'investir dans le fantasme d'une
souveraineté compensatoire plutôt que de chercher à défendre les
intérêts fondamentaux du Québec dans un contexte marqué par
sa potentielle régression historique. Plusieurs indices laissent croire
que ce désastre est loin d'être une hypothèse improbable. Nous
devons garder en mémoire que l'échec du référendum de 1980 a
rendu possible la refondation trudeauiste du Canada alors que
l'échec du référendum de 1995 a abouti au Plan B et à la loi sur la
clarté en plus de plonger le Québec dans une crise de mauvaise
conscience identitaire. Et cette crise a entraîné une censure de
l'identité nationale qui n'est pas sans effets sur l'exercice du pouvoir québécois.

La chose doit être notée : dans la dynamique de la Révolution
tranquille, la question nationale a reconfiguré l'espace public québécois, les clivages partisans s'opérant suivant les positions relatives
à la souveraineté du Québec et les coalitions politiques se rassemblant autour des options constitutionnelles des partis. Le Parti
québécois rassemblait une base hétérogène sur le plan idéologique,
allant de la gauche utopiste à la droite nationaliste en passant par
la gauche social-démocrate, le centrisme libéral et la droite conservatrice. Chacune de ces composantes savait œuvrer dans une perspective commune, celle de la souveraineté, un travail facilité par le
fait que les différents éléments de la coalition croyaient dans une
certaine mesure à l'imminence de la souveraineté. Le Parti libéral,
quant à lui, s'il penchait un peu plus à droite sur les questions
économiques, était d'abord le refuge de ceux qui refusaient la rupture du lien fédéral. La question nationale était ainsi la principale
source de la polarisation politique et idéologique dans la société
québécoise. La question nationale ne neutralisait pas complètement le clivage gauche-droite, dans la mesure où les souverainistes
étaient plutôt marqués à gauche et les fédéralistes à « droite », mais

elle le relativisait considérablement, comme on l'a surtout vu au référendum de 1995.

Dans la mesure où s'éloigne l'horizon d'une refondation du Québec dans la perspective de la souveraineté ou celui d'un fédéralisme profondément renouvelé, on peut parler d'une congestion de l'espace public par la question nationale, les partis coalisés autour de celle-ci ne trouvant plus leur raison d'être. Une congestion au sens suivant : l'espace politique est structuré autour d'une offre partisane qui correspond de moins en moins aux réalignements idéologiques et politiques en train de se produire dans la société québécoise. Il était fatal, conséquemment, que l'espace public constitué autour de la question nationale telle qu'elle se pose depuis quelques décennies finisse par imploser ou par avoir l'air de correspondre de moins en moins au Québec réel. À tout le moins, on pouvait s'attendre à ce qu'un espace public constitué pour résoudre une question qui polarise de moins en moins la société québécoise finirait par se disloquer.

L'implosion de l'espace public : la critique du « modèle québécois » comme symptôme

Cette implosion, ou cette crise politique engendrée par un système officiel déréalisé correspondant de moins en moins aux dynamiques idéologiques présentes dans la société québécoise, on l'a ressentie une première fois au moment des élections partielles de l'été 2002, qui marquent certainement le début de la crise politique québécoise actuelle. Le temps d'une élection partielle (en fait, il y en avait quatre au même moment), on a vu en effet la population se tourner vers l'ADQ qui incarnait alors une forme de renouvellement en profondeur de l'offre politique québécoise. Ce dont a témoigné cet « été de l'ADQ », c'est surtout la disponibilité des Québécois pour un réalignement politique, pour une nouvelle offre échappant au consensus progressiste du Québec officiel. Nombreux alors furent ceux qui reconnurent les premiers signes de ce réalignement, qui traduisait une inadéquation de plus en plus manifeste entre la configuration officielle de l'espace public et les aspirations profondes d'une large portion de la société québécoise.

On le sait, la montée de l'ADQ a été suivie d'une spirale régressive où les sondages ont enregistré en temps réel un effritement de l'appui populaire récolté à l'été et à l'automne 2002. Aux élections du printemps 2003, l'ADQ était ramenée au statut de tiers-parti marginal. On connaît les causes nombreuses de cet effritement. L'ADQ, en plus d'avoir sacrifié son capital nationaliste avec le discours de Toronto de Mario Dumont, ne disposait pas d'un projet politique suffisamment défini pour accueillir les divers courants prêts à former une nouvelle coalition nationaliste de centre-droit, convergeaient vers elle. En ce sens, si les élections partielles de 2002 témoignaient de l'émergence d'une sensibilité « conservatrice » au Québec, elles annonçaient aussi un problème qui allait persister : sa difficulté à trouver un véhicule politique approprié. Il n'en demeure pas moins qu'un malaise politique québécois se dévoilait alors pleinement à la conscience collective. L'espace politique s'était fragilisé. On pouvait s'attendre à un « tremblement de terre politique » dans les années à venir.

Ce malaise politique québécois, après avoir confirmé le décrochage entre le Québec officiel et le Québec réel, s'est d'abord cristallisé sur la question du modèle québécois, dans la mesure où celle-ci représentait alors la seule porte d'entrée dans l'espace public — en plus de correspondre à un problème réel, celui de l'impasse d'une certaine social-technocratie héritée de la Révolution tranquille. L'élection d'avril 2003 a fait apparaître le malaise entourant le modèle québécois, le Parti libéral ayant été élu avec un mandat réformateur relativement fort, celui de la réingénierie de l'État. La chose est compréhensible dans la mesure où le Parti québécois, à partir de 1996, a neutralisé son option souverainiste avec la stratégie des conditions gagnantes et choisi la défense du modèle québécois comme nouvel axe de définition idéologique. Mais pour ses critiques, le modèle québécois est devenu le symbole d'une société de plus en plus bureaucratisée et de plus en plus difficile à réformer économiquement. Le modèle québécois, surtout dans son idéologisation péquiste, représentait une fixation (et une fossilisation) technocratique de l'identité nationale, qu'ils ont été nombreux à dénoncer pour ses nombreuses iniquités — qu'on se rappelle seulement la question des clauses « orphelin » dans les conventions collectives ou celle, toujours d'actualité, de la dette — tout en soulignant que sa défense correspondait surtout aux intérêts d'une génération accusée, un peu injustement par ailleurs, d'avoir confisqué l'État québécois et d'avoir dissimulé le sacrifice du bien commun derrière le langage de la solidarité.

La remise en question du modèle québécois, à tout le moins la prise de conscience de la crise dans laquelle il était entré, a survécu à l'élection de 2003 et au déclin temporaire de l'ADQ. On l'a vu resurgir en 2005 avec le *Manifeste pour un Québec lucide* qui cherchait, de manière nettement insuffisante toutefois, à faire le diagnostic d'une certaine impasse socioéconomique québécoise. Sa publication a donné lieu à de nouvelles conjectures sur la formation d'un nouveau parti qui viendrait renouveler en profondeur la société québécoise dans une perspective de centre-droit. De même, la question souvent reprise du « Québec bloqué » par les corporatismes communautaires ou syndicaux ou celle de la création et de l'éloge de la richesse témoignent de la difficulté à renouveler le modèle québécois. Un certain discours associé à la « droite économique » est ainsi parvenu à se structurer médiatiquement. Ce discours est aussi porté par une partie du centre-gauche réformiste qui s'est investie dans le projet d'une modernisation du modèle québécois. La Coalition Avenir Québec (CAQ) de François Legault s'inscrit aussi dans cette ligne de pensée, qui veut polariser le débat public sur la définition du modèle québécois.

Cette nouvelle tendance politique, dans son expression libertarienne et populiste, s'est aussi manifestée clairement à l'occasion de la crise de CHOI-FM, qui a consacré la dissidence idéologique et sociologique de la région de Québec dans l'espace politique québécois. Cette région dispose de la masse critique suffisante pour créer un espace public alternatif, qui ne s'occupe pas uniquement d'enjeux régionaux — autrement dit, un espace public qui porte sur la scène politique nationale un regard différent et qui s'est construit surtout dans le domaine radiophonique. Contrairement à ce que l'on entend souvent, on peut dire que cette culture politique caractéristique de la vieille capitale se définit moins par l'antinationalisme au sens strict que par un certain antipéquisme allergique au mélange de nationalisme lyrique de gauche associé au ronron confortable du Québec officiel et de social-bureaucratie défendu par le souverainisme officiel. La région de Québec apparaît ainsi comme l'aile droite de ce conservatisme québécois renaissant. Il n'est pas certain, toutefois, que le mariage entre le conservatisme et la droite, dans le contexte québécois, soit aussi évident que le croient la plupart des analystes — j'y reviendrai.

La crise des accommodements raisonnables

On ne doit pas croire cependant que la question socioéconomique épuise celle du malaise québécois, comme semblent le penser ceux qui mènent une critique exclusivement technicienne du consensus progressiste et du modèle québécois. Le malaise politique québécois ne s'épuise aucunement dans la rhétorique du *Manifeste pour un Québec lucide* et sa vision exclusivement comptable du déclin québécois, non plus que dans le courant néolucide à la François Legault qui cherche à lui succéder. Autrement dit, si le conservatisme québécois s'est d'abord manifesté à travers la question socioéconomique, son ressort le plus profond est en bonne partie culturel et identitaire. Et ce conservatisme identitaire et culturel s'est constitué dans un double contexte. D'abord, on pourrait parler de l'affaissement du projet souverainiste et de son incapacité croissante à formuler la question de l'identité québécoise. Ensuite, on doit tenir compte de la crise généralisée du multiculturalisme en Occident, qui s'est traduite au Québec par l'affaire des accommodements raisonnables.

Il faut revenir sur la crise des accommodements raisonnables en tant que révélateur des problèmes politiques du Québec actuel. Celle-ci n'était ni une crise simplement médiatique ni le signe d'un « repli sur soi » québécois ; elle a plutôt témoigné de la crise du multiculturalisme à la québécoise tel qu'il s'était imposé depuis le référendum de 1995. On le sait, traversé par la mauvaise conscience générée par le discours de Jacques Parizeau sur l'argent et le vote ethnique le soir du vote, le mouvement souverainiste, dans la dynamique idéologique postréférendaire, a progressivement renoncé à toute défense de l'identité québécoise et de la majorité historique qui la porte. Il fallait désormais passer le test du multiculturalisme pour pouvoir se réclamer d'un souverainisme d'ouverture et d'inclusion. L'intelligentsia souverainiste a joué un rôle de premier plan dans cette reconstruction thérapeutique de l'identité québécoise, qui reposait en fait sur la censure du sentiment national et de son expression historique et culturelle. Au nom de l'ouverture à l'autre, on a cherché en fait à vider la nation de sa culture et de son histoire, en faisant de la majorité francophone une communauté parmi d'autres dans une société refondée sur le principe de l'égalitarisme identitaire. À travers la dichotomie entre le nationalisme ethnique et le nationalisme civique, on a surtout voulu diaboliser tout nationalisme majoritaire fondé sur l'histoire, la culture et la langue, apparemment inconciliable avec les exigences morales d'une démocratie pluraliste. Au nom du nationalisme civique, il fallait définir l'identité québécoise dans la seule perspective de la Charte des droits et libertés, désormais investie d'une charge morale et identitaire presque sacrée. Exemplaire de cette conversion fut l'arrivée à la direction du PQ d'André Boisclair qui a grandement contribué à dénationaliser le discours souverainiste pour le vider de sa dimension identitaire. D'une certaine manière, on

peut parler de la trudeauisation du souverainisme québécois[1].
On ne doit pas oublier la conséquence de cette dénationalisation
du souverainisme : les souverainistes ne voulant plus faire l'indépendance au nom de l'identité québécoise, ils ont affirmé alors
vouloir la faire au nom d'un projet de société progressiste, clairement marqué à gauche, comme on pouvait le lire dans le nouveau
programme du PQ, en 2005. La souveraineté devait désormais
permettre la mise au monde d'une société se définissant fondamentalement par la recherche de cet *autre monde possible* qui hyp-
notise une partie de la gauche contemporaine. Comme il avait
renoncé à l'identité québécoise au nom du multiculturalisme, le
souverainisme s'est mis à prôner une société qui trouverait son
identité dans les valeurs associées à la gauche postmoderne.

C'est dans cet espace politique déserté par le mouvement souverainiste que s'est engagée l'ADQ de Mario Dumont, qui s'est
faite le défenseur d'un nationalisme plutôt conservateur attaché à
une définition plus traditionnelle de l'identité québécoise. À partir
du printemps 2006, l'ADQ s'est installée sur le terrain identitaire
abandonné par le mouvement souverainiste. Elle a pu ainsi amor-
cer la construction d'une coalition politique marquant le passage
du souverainisme postnational au nationalisme postsouverainiste.
Le point d'appui de cette coalition n'était plus la souveraineté ou
la recherche d'un nouveau statut politique pour le Québec, mais
l'affirmation identitaire de la majorité francophone dans le cadre
de l'implosion du multiculturalisme québécois. Dumont conju-
guait la défense de l'identité québécoise et le procès de la social-
bureaucratie. La question nationale quittait ainsi le registre constitutionnel pour s'exprimer dans le registre identitaire. L'ADQ
représentait alors une alternative nationaliste à un PQ devenu un
simple parti de gauche provincial par ailleurs incapable de réaliser

---

1. J'ai traité de cette question dans *La Dénationalisation tranquille. Mémoire, identité et multiculturalisme dans le Québec postréférendaire*, Montréal, Boréal, 2007.

la souveraineté. On pourrait même dire que le souverainisme devenait la seule caution nationaliste du PQ dans la mesure où ce dernier a renoncé à toute défense de l'identité historique québécoise. Sous Boisclair, le PQ était d'autant plus souverainiste qu'il n'était plus nationaliste. La souveraineté devenait ainsi un alibi pour masquer la dénationalisation du PQ. La crise des accommodements raisonnables révélait la fracture de la société québécoise entre, d'une part, ses élites qui se retrouvent dans un consensus progressiste se radicalisant à mesure qu'il est refusé par la majorité silencieuse et, d'autre part, cette dernière qui se caractérise par un certain conservatisme culturel et un nationalisme majoritaire censuré médiatiquement, mais bien enraciné. De 2006 à 2008, la majorité québécoise a clairement fait le procès du multiculturalisme officiel en en profitant par ailleurs pour remettre en question une vision de l'identité collective qui serait limitée au Québec moderne de la Révolution tranquille. La commission Bouchard-Taylor a consacré cette rupture en montrant que le multiculturalisme a pour base sociale une alliance entre l'intelligentsia, une partie de la technocratie chartiste et les médias associés à l'élite intellectuelle. La chose est vraie au Québec comme ailleurs en Occident : la politique des identités recoupe une nouvelle sociologie de la lutte des classes. Disons le autrement : depuis quelques décennies, la lutte des classes est passée de gauche à droite.

Reprenons donc les éléments de ce malaise qui s'est dévoilé par secousses successives. Le malaise politique québécois a d'abord pris forme contre le décrochage entre l'espace public hérité de la Révolution tranquille, pour se cristalliser successivement sur les questions socioéconomiques et culturelles-identitaires. Ces deux sensibilités avaient en commun de se constituer à distance du consensus idéologique associé au modèle québécois, qui se présente lui-même comme le seul héritier possible de l'esprit de la Révolution tranquille. On aurait pu croire un temps que l'élection de 2008 avait marqué la fin de ce malaise dans la mesure où l'ADQ qui l'avait canalisé s'était effondrée — dans la mesure aussi où le

Parti conservateur, qui en canalisait aussi l'expression la plus droitière, après avoir connu une période de croissance de 2006 à 2008, s'est trouvé confiné dans son bastion de Québec. Mais ce serait faire erreur. Il ne faut pas confondre l'échec des partis, qui s'explique d'abord par leurs erreurs stratégiques répétées, et la disparition du malaise qui les alimentait. S'il faut reconnaître que l'ADQ n'est pas parvenue à traduire en projet politique le malaise québécois, autrement dit, qu'elle n'est pas parvenue à passer du statut de parti protestataire à celui d'alternative gouvernementale incarnant une nouvelle coalition bleue, il n'en demeure pas moins que le malaise politique qui lui avait permis d'émerger — en faisant dans une seule proposition politique la critique du modèle québécois et celle du multiculturalisme — demeurait profondément enraciné dans la société québécoise. Si ce malaise, dans son expression politique, s'est résorbé, il demeure pleinement vivant du point de vue sociologique. D'ailleurs, l'élection de 2008, bien qu'elle ait été marquée principalement par la régression de l'ADQ, a radicalisé la crise à travers la hausse considérable des abstentions. L'abstention massive de 2008 indiquait que le retour à la normale au PQ et au PLQ risquait bien d'être transitoire. L'insatisfaction de tout un courant politique actuellement en ballottage demeure certainement la variable politique la plus fondamentale du Québec actuel. Et on voit bien que la CAQ de François Legault, à sa manière, entend bien capitaliser politiquement sur la même tendance sociologique.

Le conservatisme, une pathologie ?

On peut donc remarquer, d'une élection à l'autre, l'expression de plus en plus explicite d'un malaise québécois qui oscille, selon les circonstances, entre une critique du bureaucratisme et une critique du multiculturalisme. Sans abuser du vocabulaire idéologique, on peut aisément dire que derrière l'effritement du consensus progressiste du Québec officiel, c'est un sentiment politique *conservateur* qui se manifeste au Québec — un conservatisme multiforme, mais qui désigne surtout une série de remises en question des impasses de la modernisation québécoise dont on ne souhaite plus sortir par la fuite en avant, par un nouveau saut dans l'utopie. Des élections partielles de 2002 aux élections générales de 2003 à celles de 2007 et de 2008 — en passant par l'élection fédérale de 2006 —, on assiste ainsi à la structuration d'un courant réformiste/conservateur qui ne trouve pas son expression politique appropriée, mais qui cherche néanmoins à prendre forme dans l'espace public. Mais c'est justement parce que ce courant conservateur ne s'est toujours pas fixé politiquement qu'il demeure la variable la plus importante de la recomposition politique actuelle de la société québécoise, d'autant plus que les partis bleus cherchent à se l'approprier en le détournant vers leur propre coalition électorale. Tant que ce courant politique n'aura pas trouvé son expression partisane définitive, il peut représenter une variable essentielle dans la dynamique idéologique de la société québécoise.

On le sait, le malaise conservateur est mal accueilli par le système idéologique dominant, qui a tendance à l'assimiler à une forme de pathologie sociale et identitaire. On expliquera ainsi la critique du modèle québécois par la condition socioéconomique désavantageuse des jeunes familles de la banlieue nord de Montréal, qui se replieraient dans un individualisme égoïste. C'est un manque de solidarité qui expliquerait la désaffection des jeunes familles envers la social-démocratie. On expliquera la critique de la social-démocratie dans la région de Québec par le ressentiment de la basse ville contre la haute ville et les privilèges qu'elle détiendrait. Le conservatisme fiscal ou même les réserves envers la bureaucratisation de la société seront caricaturés sous la forme d'une droite néolibérale fonctionnant à l'égoïsme systématisé. De même, on mettra la critique des accommodements raisonnables sur le compte de l'intolérance des classes populaires ou de l'ignorance des populations en région. Ou alors on parlera du vieux fond xénophobe des Québécois ou de la tendance au repli identitaire de la majorité francophone, comme on le faisait dans le rapport de la commission Bouchard-Taylor. Le nationalisme conservateur sera assimilé à une « droite nationaliste » comparable à la droite populiste européenne. De cette manière, le conservatisme n'apparaît plus comme un discours politique mais comme l'expression d'une pathologie à laquelle on doit répondre non pas par des arguments mais par l'admistration d'une thérapie. On notera d'ailleurs que la mutation thérapeutique du modèle québécois participe à cette pathologisation du conservatisme et, plus généralement, à la pathologisation du sentiment national et des valeurs plus « traditionnelles ». Dans les séances de la commission Bouchard-Taylor, plusieurs intellectuels associés à la gauche multiculturaliste ont ainsi proposé de rééduquer la population québécoise pour l'amener à reconnaître comme un progrès la conversion forcée du Québec au multiculturalisme. Le cours Éthique et culture religieuse, qui a suscité une grande controverse ces dernières années, est probablement un des meilleurs exemples de cette politique de rééducation thérapeutique, qui instrumentalise l'école pour fabriquer un nouveau peuple au moyen des laboratoires de la pédagogie progressiste. L'école ne devrait plus servir à transmettre une culture et des savoirs, mais à inculquer de nouvelles valeurs, pour transformer la matrice même de l'identité collective[2].

Mais si, comme nous le croyons, cette pathologisation du conservatisme québécois sert surtout à le disqualifier pour l'expulser du débat public, il nous faut donc chercher à voir de quel renouvellement du débat public est porteuse cette sensibilité conservatrice. Si, comme nous le croyons aussi, cette pathologisation traduit le préjugé bureaucratique et multiculturaliste des élites québécoises — celles qui, essentiellement, définissent le discours public dans notre société — ne voulant pas remettre en question

---

2. Joëlle Quérin, *Le Cours Éthique et culture religieuse. Transmission des connaissances ou endoctrinement,* Institut de recherche sur le Québec, décembre 2010.

un système qui les avantage, il faut donc voir de quelle manière, loin d'être symptomatique d'une pathologie du Québec profond, la sensibilité conservatrice qui prend forme est porteuse d'un renouvellement en profondeur de la société québécoise. En fait, si nous reconnaissons dans cette sensibilité politique l'expression d'un courant d'idées légitime, il faut donc se demander ce qu'il représente pour l'avenir du Québec et quelles recompositions il semble annoncer. Les clivages politiques hérités de la Révolution tranquille semblent désuets et ils paraissent ne subsister que par la difficulté qu'a ce courant conservateur à parvenir à la pleine maturité intellectuelle et politique. On pourrait plus simplement dire qu'il y a actuellement une faillite de l'offre politique dans la société québécoise et le bipartisme PQ-PLQ, qui correspond au clivage souverainisme-fédéralisme, semble de moins en moins capable de rendre compte des tendances idéologiques et politiques qui structurent le débat public. Cette sensibilité conservatrice, bien vivante, doit trouver le moyen de prendre forme politiquement. Elle doit néanmoins comprendre ce qui jusqu'ici l'a entravée.

Vers un réalignement politique ?

On l'a d'abord évoqué mais il faut y revenir, l'espace politique est aujourd'hui congestionné par une question nationale irrésolue. Il s'agit de la première entrave à la traduction du malaise québécois en discours de ressaisissement national. Si la question de l'avenir du Québec est encore fondamentale et si le problème canadien du Québec demeure entier (la question nationale est inscrite dans les contradictions objectives inhérentes au régime politique canadien), le classement de l'espace public entre souverainistes et fédéralistes, du moins tel qu'il se profile actuellement, correspond à une fossilisation du débat public. On peut parler très certainement de la faillite du souverainisme tel qu'il a pris forme avec la Révolution tranquille. D'ailleurs, le souverainisme, qui n'est pas parvenu à

aboutir politiquement et qui le reconnaît implicitement en renonçant désormais à toute stratégie référendaire à court ou moyen
terme, est aujourd'hui victime d'une forme de déchéance fantasmatique. La chose est visible à Québec avec le Parti québécois qui
idéalise un Québec souverain écologiste, pacifiste, féministe et
altermondialiste. Mais la chose est aussi visible à Ottawa où le Bloc
québécois a cessé depuis longtemps de défendre l'autonomie
constitutionnelle du Québec pour se convertir à la promotion des
« valeurs québécoises », ce qui l'a amené, en décembre 2008, à soutenir le projet de coalition qui aurait entraîné une centralisation
politique à Ottawa dans une dynamique de crise économique. Le
souverainisme officiel, dans ses principales expressions, a cessé de
bien servir le Québec et dénature désormais le nationalisme dans
une forme d'utopisme progressiste compensatoire.

Cependant il ne faut pas seulement parler d'un échec du souverainisme mais aussi d'un échec du fédéralisme québécois qui
faisait reposer sa légitimité sur l'appel à refonder de manière asy-
métrique la Constitution canadienne. Non seulement ce projet ne
trouve plus preneur au Québec, non seulement il ne trouve pas
d'écho au Canada, à tout le moins dans sa formulation classique
d'une refondation binationale de la fédération, mais en plus,
comme l'a démontré Patrick Taillon, il est devenu constitutionnellement impraticable dans le contexte politique canadien qui a pré-
valu après 1995[3]. À moins d'un hypothétique réinvestissement
massif du nationalisme québécois à l'intérieur des paramètres du
Parti conservateur fédéral, à la manière d'un régionalisme décen-
tralisateur qui pourrait alors s'allier aux provinces de l'Ouest pour
enclencher la minimalisation politique de l'État fédéral et une
déconstruction du Canada centralisé, chartiste et multiculturel (ce
qui semble hautement improbable à court ou à moyen terme), il
faut admettre que le Québec ne parviendra pas à transformer en

---

3.   Patrick Taillon, *Les Obstacles juridiques à une réforme du fédéralisme*, Montréal,
Institut de recherche sur le Québec, 2007.

profondeur le Canada. On voit par ailleurs à quel point cette
« hypothèse politique » relève de plus en plus de la politique-
fiction, surtout dans un contexte où le Canada anglais semble
reprendre vie à travers un Parti conservateur décomplexé et
cherche à réaffirmer son identité historique singulière néobritan-
nique (qu'on pense notamment au retour du kitsch monarchiste
depuis le mois de mai 2011) tout en retenant de l'héritage trudeauiste la négation de la question québécoise, son occultation.
C'est un cycle politique qui se termine. Continuer à formuler
la question nationale à travers la seule polarisation souverainiste-
fédéraliste équivaut pratiquement à en faire un instrument de blocage du débat public québécois sans pour autant permettre de
résoudre cette question dans une perspective satisfaisante pour les
Québécois (non plus que pour les souverainistes, d'ailleurs). Toutefois, la dislocation de la question nationale telle qu'elle avait été
formulée à l'époque de la Révolution tranquille ne signifie pas la
fin du nationalisme québécois, qui demeure probablement le
moteur le plus puissant de notre vie politique. On peut à cet effet
parler de la mutation de la question nationale, qui passe du registre
constitutionnel au registre identitaire. La question posée n'est plus
seulement celle de la place du Québec dans le Canada mais de la
majorité historique francophone au Québec. Même les souverainistes les plus convaincus reconnaissent qu'il ne s'agit plus d'abord
pour eux de réaliser l'indépendance à court terme que de mener
une politique de ressaisissement national qui rendra à nouveau la
souveraineté possible. Même les indépendantistes, autrement dit,
conviennent que la recherche de l'indépendance importe moins
actuellement qu'un travail acharné pour préserver ses conditions
de possibilité. La stratégie de la gouvernance souverainiste définie
par Pauline Marois et la suggestion maladroite de François Legault
de suspendre la question nationale pour mieux reconstruire les
assises de la société québécoise et lui redonner les moyens de son
avenir s'inscrivent dans cette logique. Mario Dumont en avait
peut-être eu l'intuition lorsqu'il invitait les Québécois à définir un

autonomisme affirmatif qui utiliserait l'État québécois pour affirmer la différence québécoise. Si l'indépendance demeure pour bon nombre de citoyens, y cmpris moi-même, l'objectif le plus fondamental qui soit, sa poursuite doit s'émanciper du cadre historiquement établi par un souverainisme officiel qui confisque la souveraineté davantage qu'il ne lui permet de se renouveler comme projet. De manière plus générale, les Québécois demandent à leur gouvernement d'affirmer leur identité non plus seulement contre le gouvernement fédéral, mais aussi contre l'idéologie multiculturaliste qui contribue à la décomposition interne de la société québécoise. Le sentiment d'aliénation identitaire des Québécois est désormais canalisé moins vers le Canada anglais que vers leurs propres élites qui implantent de force un multiculturalisme d'État inversant le devoir d'intégration et transformant leur société en laboratoire du multiculturalisme mondialisé.

Précisons, si tant est que la chose soit nécessaire, que cela ne veut aucunement dire que la mauvaise intégration du Québec à la fédération ne demeure pas problématique et que sa marginalisation politique et démographique n'est pas tendanciellement catastrophique. Mais à ce jour, aucune formation politique non plus qu'aucune école de pensée n'est en mesure de déterminer comment le Québec pourrait reconstituer à son avantage un rapport de forces dans le Canada. Et les souverainistes ne parviennent pas à convaincre durablement une majorité de Québécois de briser le lien fédéral. À tout le moins, il faut en tenir compte. Il ne suffit pas de vouloir quelque chose pour l'avoir. Non plus que de le vouloir toujours de plus en plus fort.

L'appel au sens commun

Il s'agit en fait de remettre le Québec en mouvement de façon qu'il rompe avec un consensus progressiste qui l'asphyxie dans la rectitude politique et qui l'empêche de se donner un nouvel élan collectif. Il faut politiser le malaise québécois en reconnaissant que le changement social ne saurait advenir par une seule pédagogie de l'avenir radieux. Cela implique qu'il faut créer une nouvelle dynamique de polarisation dans la société québécoise — d'autres disent, à la fois plus modestement et plus ambitieusement, qu'il faut « remettre le Québec en mouvement ». Cela implique de reconnaître le barrage que représentent les élites médiatiques, technocratiques et intellectuelles. Ce constat est souvent censuré parce qu'il relèverait apparemment du populisme, une accusation facile qui permet aux élites intellectuelles de disqualifier à la manière d'une protestation antisystème velléitaire, toute remise en question fondamentale des orientations imprimées à la société québécoise par ceux qui la dirigent. Il n'en correspond pas moins à une réalité sociologique profonde, surtout à propos des questions culturelles, identitaires et sociales. On l'a constaté avec la crise des accommodements raisonnables, le multiculturalisme ne trouve preneur qu'auprès de certains milieux qui se présentent comme la classe éclairée de notre société. Alors que le multiculturalisme — et nous parlons ici du multiculturalisme canadien comme de l'interculturalisme québécois, du pluralisme normatif ou du pluralisme intégrateur, il ne faut pas se laisser piéger par les fausses distinctions de la gauche multiculturelle — passe dans l'intelligentsia pour une forme d'ouverture à l'autre et à la diversité au point de représenter l'horizon moral de notre temps, il prend l'allure d'une dépossession identitaire et d'une négation des droits de la majorité d'accueil dans les classes moyennes et populaires.

Il faut noter, par ailleurs, que contrairement à ce que peut croire le Parti québécois, la question identitaire ne se fixe pas exclusivement sur la question linguistique et celle de la laïcité (bien que ces deux questions ne soient nullement secondaires). En fait, elle en déborde nettement, comme on le voit avec l'importance de plus en plus grande prise par la vieille mémoire du Canada français qui se manifeste notamment à travers certains symboles liés à son héritage catholique. Aujourd'hui, la question identitaire porte aussi sur le maintien du caractère *occidental* de l'identité et de la société québécoises. Il ne s'agit donc pas seulement d'assurer la défense de la langue française ou de la laïcité, mais bien d'associer cette défense avec certains contenus hérités de la vieille identité canadienne-française qu'il n'est plus possible de déformer sous les traits de la « Grande Noirceur ». Cette vieille identité fournit aujourd'hui une bonne partie de la matière nécessaire au renouvellement du nationalisme québécois à la manière d'un patriotisme occidental. On peut dire la même chose à propos des questions liées à la réforme scolaire. Alors que la réforme scolaire passe auprès de la technocratie du ministère de l'Éducation pour une forme d'innovation pédagogique qui assure la démocratisation de l'école, les classes moyennes et populaires la considèrent plutôt comme une dénaturation de l'école qui pratique l'égalitarisme le plus radical et renonce à transmettre la culture et les connaissances. On pourrait élargir cette réflexion à toute une série d'autres enjeux de société qui touche au rapport à certaines valeurs plus traditionnelles (culturelles plutôt que sociales, d'ailleurs, le traditionalisme religieux n'ayant heureusement pas d'écho significatif au Québec et ne correspondant aucunement au caractère national, moins crispé qu'ailleurs), dont certains souhaitent la réhabilitation, pour peu qu'elles n'entrent pas en contradiction avec l'exigence d'émancipation formulée par la Révolution tranquille mais qu'elles viennent plutôt la civiliser — ou l'équilibrer, dirait-on plus exactement.

Le conservatisme québécois assume donc une charge identitaire. Ce qui veut dire qu'il ne pourra d'aucune manière se limiter à sa dimension économique, si importante soit-elle. C'était la grande faiblesse du *Manifeste pour un Québec lucide* — et plus généralement, du courant « néolucide » — de regarder le Québec uniquement du point de vue du réformisme administratif. Le malaise politique québécois n'est évidemment pas réductible à la question identitaire, mais c'est néanmoins elle qui lui a permis de se cristalliser politiquement, qui lui permet d'enclencher une dynamique de réalignement politique. Lorsque ce malaise politique se radicalise sous la forme d'un cynisme généralisé à l'endroit d institutions politiques, il devient en quelque sorte postidéologiquᴇ et peut alors être récupéré par différentes formes de populisme, pour peu qu'on déprenne ce terme de son acceptation européenne. Pour éviter cette récupération, ceux qui chercheront à politiser le malaise québécois devront se garder de succomber à la tentation malsaine des formations politiques « conservatrices », soit la centration exclusive de leurs priorités sur les questions économiques, celles qui animent normalement un certain libéralisme comptable seulement passionné par les réformes administratives mais qui comprend mal l'importance des questions culturelles et identitaires, lorsqu'il ne s'en méfie pas carrément. En un sens, le conservatisme fiscal sans épaisseur culturelle risque d'aboutir à une forme de social-libéralisme moderniste qui représentera un double affadi du consensus officiel québécois. Son potentiel électoral n'est pas nécessairement nul, mais son potentiel de transformation sociale est minimal et terriblement insuffisant. Le réformisme néolucide surfe sur un bon créneau mais se contente de surfer. La tentation des « vraies affaires » qui sont infatigablement mises en évidence par un certain pragmatisme économique correspond à une réduction administrative du politique et masque en fait une mauvaise compréhension de la dynamique historique d'une société, qui ne s'épuise pas dans ses livres comptables et le calcul de son PIB. D'ailleurs, sur le plan strictement tactique et stratégique, on doit reconnaître que les partis conservateurs occidentaux ne sont parvenus à un succès électoral durable qu'en misant sur les thèmes associés au conservatisme culturel et à l'identité nationale. Il faut néanmoins noter qu'un certain conservatisme fiscal à tendance populiste est susceptible de politiser une partie de la population mécontente, surtout lorsqu'il parvient à se déprendre d'une vision strictement comptable ou gestionnaire des finances publiques et qu'il met l'accent sur le sentiment d'aliénation des classes moyennes et populaires par rapport à la bureaucratisation de la société ou au sentiment de pressurisation fiscale excessive de la classe moyenne.

On devine donc aisément les contours de ce discours de ressaisissement national : critique du multiculturalisme qui travaille à la dissolution de la collectivité nationale en inversant le devoir d'intégration ; critique du pédagogisme qui a transformé l'école en laboratoire idéologique au service des théoriciens de l'égalitarisme le plus radical ; critique du relativisme ambiant, qui repose en fait sur une disqualification du bon sens, du sens commun ; critique des nouveaux corporatismes, qui bloquent l'expression de la souveraineté populaire au nom de la consultation systématique des lobbies qui réclament un droit de veto sur l'avenir de la collectivité ; critique de la social-technocratie, qui trop souvent laisse traîner un mauvais soupçon sur la nécessité d'augmenter la richesse québécoise, de favoriser la croissance économique. Ce discours du ressaisissement national associera l'affirmation identitaire de la majorité historique francophone et la critique de la dégénérescence technocratique du modèle québécois, ce qui correspond d'ailleurs au créneau occupé par l'ADQ de 2006 à 2008. Il s'agit conséquemment d'une nouvelle coalition politique nationaliste de centre-droit.

* * *

Somme toute, ce qui se dessine depuis environ une décennie, c'est un réalignement de la société québécoise qui tarde à prendre forme politiquement. Les raisons qui expliquent le décalage temporel entre ce courant sociologique et son expression politique sont nombreuses, nous le savons. Mais l'avortement de ce moment conservateur, sur le plan politique, ne correspond pas à sa dissolution sociologique. La défaite de l'ADQ en 2008 n'était pas celle de ce courant politique mais celle d'un parti incapable de gérer son importance nouvelle. La pire chose à faire, toutefois, serait de réduire ce sentiment conservateur à un simple désir de pragmatisme politique. Tant que l'alternative politique en formation se réfugiera dans la valeur molle du pragmatisme au jour le jour, il consentira à évoluer dans un espace public définissant les enjeux collectifs à partir des priorités de l'idéologie dominante progressiste et social-technocratique qui est pourtant épuisée. Il faudra que le conservatisme québécois accepte d'être autre chose qu'une annexe gestionnaire du système dominant pour exister politiquement. On peut donc croire que le conservatisme de sens commun qui travaille la société québécoise ne pourra s'exprimer qu'en bousculant les catégories qui définissent actuellement notre représentation politique et en secouant l'espace public qui accueille normalement les problèmes pesant sur notre société. Il devra peut-être pour cela accepter, pour un temps, de polariser clairement l'espace public autour d'une nouvelle alternative, assez claire pour susciter l'adhésion de la majorité silencieuse qui ne se manifeste que devant les propositions rompant avec le consensus médiatique officiel. Une telle polarisation, il faut le dire, ne sera pas nécessairement bien accueillie par le système idéologique officiel, qui risque de réagir très vivement. Si cette polarisation tarde à venir, si elle ne se matérialise pas autour d'une alternative politique susceptible de mettre en forme le malaise québécois en le transformant en désir de ressaisissement collectif, il se pourrait bien que le Québec succombe à sa manière à une sorte de tentation populiste, comme on l'a vu le 2 mai 2011, au moment des élections fédérales, alors qu'une proportion significative de Québécois a condamné la classe politique en bloc, comme si le sursaut populaire attendu dégénérait en exaspération populiste. On l'oublie souvent, mais les sentiments politiques peuvent aisément passer du positif au négatif, selon les circonstances qui rendent possible leur expression publique.

On peut donc s'imaginer qu'un réalignement en profondeur couve dans la société québécoise, mais que sa mise en forme politique définitive tarde encore. Si l'ADQ a échoué, le créneau qui était le sien demeure celui d'une prochaine transformation fondamentale de notre société. Le sentiment conservateur qui s'installe actuellement dans la société québécoise est probablement la seule force dynamique qui puisse renouveler le Québec. Il y a dans ce désir de réenracinement et dans ce plaidoyer pour un plus grand réalisme politique la possibilité de tourner la page de la Révolution tranquille sans la renier et de constituer une nouvelle majorité qui saura justement porter ce qui prendra peut-être la forme d'une nouvelle Révolution tranquille. Il se pourrait que cette revitalisation de la société québécoise lui permette même d'envisager la question de son statut politique sous un jour nouveau. Du moins, on peut l'espérer.

2

L'échec du souverainisme officiel

> *La mélancolie nimbait le regret de ce qui nous*
> *échappe. Elle est sortie de ce rôle naturel pour*
> *devenir l'ordonnatrice lancinante des spleens*
> *modernes; elle entretient ce sentiment d'être*
> *arrivé après la bataille, en sachant que les miens*
> *l'avaient perdue.*
>
> DENIS TILLINAC, *Les Masques de l'éphémère*

Reprenons un constat précédemment fait, le plus difficile qui soit : le souverainisme a échoué. Historiquement, il est épuisé. Idéologiquement, il est en faillite. Politiquement, il est en déroute. Reconnaissons que cet échec s'est laissé deviner, depuis un peu plus d'une dizaine d'années, par les esprits les plus lucides au sein même du mouvement national. Surtout lorsqu'il est devenu évident que le deuxième référendum ne serait pas rejoué dans un troisième susceptible d'en renverser les résultats à courte échéance. Les souverainistes misèrent dès lors sur la stratégie des conditions gagnantes, notamment associée au leadership de Lucien Bouchard, manière comme une autre de reconnaître que celles-ci n'étaient pas réunies pour l'instant. La conquête d'une majorité référendaire était bien plus complexe que ne l'espérait la base militante qui piaffait d'impatience aux portes du pays, lesquelles s'étaient brièvement entrouvertes le 30 octobre 1995. Peut-être était-il encore possible de forcer le jeu au lendemain du référendum de 1995 en rejouant une dernière fois les cartes politiques ? Je le crois. Mais nous ne le saurons jamais. L'histoire est faite de moments exceptionnels gâchés par une mauvaise lecture des circonstances politiques, par la démission morale, aussi, de ceux qui ne savent pas s'élever à leur hauteur. Ce qui est certain, c'est que, dès le début des années 2000, les souverainistes entreprirent, discrètement mais sérieusement, de gérer la décroissance de leur option, quelquefois en venant bien près d'en tirer un bilan définitif. Jean-François Lisée, dans *Sortie de secours*, l'avait d'ailleurs constaté de la manière la plus sévère qui soit : « La fin est proche : juste derrière nous. » Il invitait alors les souverainistes à redéfinir la stratégie référendaire autour d'une politique du minimum vital dans la défense des intérêts nationaux du Québec. Dans les mêmes années, Claude Morin demandait plutôt : « Que faire si un référendum gagnant sur la souveraineté n'était pas possible ? » Il invitait alors les souverainistes québécois à un repli stratégique pour éviter que la politique du tout ou rien ne porte un préjudice irréparable à la nation québécoise. Son objectif, qu'il rappellera à plusieurs reprises au fil des années : à défaut de sortir le Québec du Canada de 1867, le déprendre des tenailles du Canada de 1982[1]. Sans qu'il ne s'accompagne du réalignement stratégique espéré par plusieurs, ce constat, peu à peu, s'est diffusé dans la société québécoise, qui s'est éloignée du souverainisme officiel et du nationalisme tel que ses leaders l'entendaient. Quelque part au début des années 2000, les Québécois ont compris qu'ils ne verraient pas l'indépendance avant longtemps, très longtemps.

Autrement dit, si la crise politique du mouvement souverainiste, qui a donné au Québec le spectacle de son effondrement à partir du printemps 2011, est particulièrement virulente, à tout le moins, elle n'a rien de surprenant. Ce qui était alors une tendance

---

1. Jean-François Lisée, *Sortie de secours*, Montréal, Boréal, 1999 ; Claude Morin, *Les Prophètes désarmés*, Montréal, Boréal, 2000.

sociologique et historique lourde est devenu un événement politique à partir duquel s'est accélérée une mutation longuement
attendue de l'espace politique. Au moment où ces lignes sont
écrites, en novembre 2011, le Parti québécois risque la disparition
aux prochaines élections. Il entraînerait alors avec lui la cause souverainiste. Elle sera ainsi rangée parmi les rêves inaboutis de la
génération boomer sans qu'on comprenne pourtant que c'est tout
un pan de l'identité québécoise que nous risquons de sacrifier avec
elle. Survivre à la prochaine élection et réussir à former un groupe
parlementaire organisé et reconnu représenterait en fait une
immense victoire pour le souverainisme. Il maintiendrait alors
vivante son option dans le jeu politique et en ferait un point de
ralliement possible d'une opposition nationaliste. Que la chose ne
soit pas certaine en dit long sur la profondeur de la mutation politique dont nous sommes actuellement les témoins. La panique
s'installe dans les rangs. Dans les marges du mouvement souverainiste, les groupuscules s'agitent et se radicalisent. On dirait qu'il
s'en crée de nouveaux chaque semaine. Ils ont toujours les mêmes
membres. D'une assemblée à l'autre, la même base se rencontre et
se rappelle ses souvenirs.

S'ouvre alors un théâtre étrange, consacré à la discussion un
peu pathétique de la redéfinition de la stratégie souverainiste. En
fait, on discute d'autant plus de la stratégie souverainiste que l'on
a renoncé, en quelque sorte, à gagner une majorité ferme et durable
en faveur de l'indépendance. Les tendances idéologiques qui
s'étaient rassemblées dans le camp souverainiste ont désormais
tendance à s'en désaffilier, dans un repli militant qui a tout du
purisme idéologique, celui des militants qui ne veulent plus faire
de compromis avec le réel et qui consentent implicitement à la
dérive fantasmatique de leur idéal. La multiplication des mouvements souverainistes à laquelle a donné lieu l'implosion du PQ
correspond bien moins à la revitalisation populaire du mouvement national qu'à une série de spasmes idéologiques, ceux d'un
mouvement agonisant. Conséquence de cela, les souverainistes se

parlent entre eux, mais ne parlent plus aux Québécois. Ils proposent une réponse à une question que ces derniers ne se posent plus. L'indépendance ne fait plus peur aux Québécois. Elle les indiffère. Dans la famille souverainiste, chaque tendance cherche à comprendre les raisons de la déliquescence de l'option nationale. Les grandes explications historiques sont connues : les « purs et durs », porteurs d'une vision maximaliste de l'indépendance, ont souvent reproché au leadership souverainiste d'avoir entretenu une vision appauvrie de la lutte nationale, de la souveraineté-association à l'union confédérale en passant par la souveraineté-partenariat. Comment convaincre un peuple d'accéder à l'indépendance si ses défenseurs eux-mêmes se gardent de reconnaître la part de rupture impliquée par leur projet? Jacques Parizeau le soutenait encore en juin 2011 : si la souveraineté ne progresse pas, c'est parce que les souverainistes ne la veulent pas vraiment, ne la préparent pas, ne travaillent pas à son avancement[2]. S'il n'est pas faux d'affirmer que la lutte nationale a probablement souffert de la tergiversation d'une partie du leadership souverainiste, qui ne s'est jamais attaché à dramatiser comme il aurait fallu le faire la question nationale, on aurait tort, toutefois, de croire qu'il suffit en politique comme en autre chose d'un surplus de volontarisme pour faire accoucher l'histoire de ses virtualités. À la différence de cette vision maximaliste de l'indépendance, le souverainisme dominant, lui, a oscillé entre une thèse qui explique l'avortement de la souveraineté par la peur économique qu'elle inspirerait aux Québécois et une autre qui se désole de l'ambivalence identitaire du peuple québécois. Devant une société bloquée qui ressent profondément son impuissance, les souverainistes devraient élaborer dès maintenant une politique de ressaisissement national, qui se heurtera rapidement aux limites du cadre fédéral et permettra conséquemment une pédagogie fort efficace des contraintes imposées au Québec par le

---

2. Jacques Parizeau, « Je n'abuse pas de mon droit de parole, mais j'y tiens », *Le Devoir*, 14 juin 2011.

fédéralisme canadien. À ces diverses explications, et nous aurions pu en mentionner plusieurs, une autre s'est ajoutée ces dernières années, ces derniers mois, à tout le moins, qui cherche la cause du piétinement de la souveraineté dans la sociologie un peu grossière d'un cynisme affaiblissant ou compromettant tous les projets politiques, au premier rang desquels les projets collectifs. La souveraineté serait donc victime de la dépolitisation des sociétés occidentales et, plus particulièrement, d'un certain effritement du lien civique dans un Québec ne parvenant plus à apercevoir le bien commun derrière les tentatives corporatistes, privées ou publiques, de s'en approprier un morceau. Peu importe l'explication avancée, peu importe la thèse défendue, le constat est là, partagé par tous : la lutte nationale piétine, en fait elle régresse, et personne ne croit vraiment, à moins d'un miracle politique qu'ils sont rares à prophétiser, que la souveraineté adviendra à court ou moyen terme.

Mais les questions qui surgissent dans l'actualité ont une origine bien plus profonde. Elles ont pris forme peu à peu au cours du dernier demi-siècle politique. Prendre au sérieux la crise du souverainisme implique d'aller bien au-delà des faiblesses de son leadership actuel. Mieux vaut entreprendre une réflexion plus vaste sur l'histoire du projet souverainiste, sur les nombreuses étapes de son déploiement, sur ses mutations idéologiques successives pour revenir sur sa genèse et voir en quoi cette crise s'explique en partie par certaines contradictions que recélait la Révolution tranquille. En un sens, on peut se demander si l'échec du souverainisme n'était pas au moins en partie contenu dans ses paramètres fondateurs, dans les termes initiaux de sa formulation.

Genèse de l'identité québécoise moderne

Posons une thèse fondamentale, qui nous servira de boussole interprétative : l'histoire du souverainisme tel qu'il joue actuellement son avenir, entendu comme projet politique moderne, est indissociable de celle de la Révolution tranquille et, plus exactement, des mutations identitaires et sociologiques à laquelle elle a donné lieu. Cela implique, d'abord et avant tout, de mieux comprendre comment a pris forme l'identité québécoise moderne, en revenant sur son acte fondateur : la création du mythe de la Grande Noirceur.

On connaît le contenu du mythe de la Grande Noirceur, qui se résume aisément : Maurice Duplessis, le chef de l'Union nationale, authentique despote, aurait instrumentalisé le catholicisme à travers une synthèse clérico-nationaliste entretenant la nation canadienne-française dans le fantasme d'un destin exceptionnel et étouffant la vie des arts, de l'esprit, le monde des lettres, celui de la culture. Duplessis, c'était le mal incarné. Mais il y avait, contre Duplessis, une « résistance » locale, rassemblant les vaillants héros de la modernité. La légende dorée de la Révolution tranquille a fait de *Cité Libre* le principal lieu d'incubation idéologique de la modernisation d'une société enfin libérée d'un bagage de traditions qui ralentissait sa marche et l'empêchait de suivre la cadence de l'époque. Il suffit de relire les textes majeurs et mineurs de *Cité Libre* pour en constater l'intransigeance. À *Cité Libre*, on se réclamait du personnalisme pour faire le procès de l'idéologie canadienne-française sur la base d'un antinationalisme de principe appelé à jouer un rôle majeur dans le destin québécois. Mais à travers la critique du régime duplessiste, c'est toute la culture québécoise qu'on mettait en procès au moyen d'une rhétorique dont on aura reconnu bien tardivement l'exagération, Pierre Elliott Trudeau allant même jusqu'à comparer Duplessis à Mao, au désavantage du premier[3]. Toute l'expérience historique du Canada français se trouvait ainsi disqualifiée. Or, la mythologie citélibriste s'est vite inves-

---

3. Jacques Hébert et Pierre Elliott Trudeau, *Deux innocents en Chine rouge*, Montréal, Éditions de l'Homme, 2007. Sur Hébert et Trudeau, on consultera Benoît Dubreuil, « Le mépris et l'égarement : recension de *Deux innocents en Chine rouge* », *Les Cahiers de lecture de L'Action nationale*, novembre 2007, p. 19-22.

tie au cœur de la conscience collective et l'ensemble des concepts mis en circulation par l'intelligentsia des années 1950 pour discréditer un régime honni circulent encore aujourd'hui dans la société québécoise. Les figures de proue du citélibrisme trouvèrent dans le fédéralisme militant le parfait accomplissement de leur critique du nationalisme canadien-français, Trudeau allant jusqu'à plaider pour l'alliance avec le nationalisme fédéral du Canada anglais[4]. La génération de *Cité Libre* ira à Ottawa, d'abord pour lutter contre le nationalisme québécois, mais surtout pour réaliser le Canada de 1982, dont les origines idéologiques, de ce point de vue, se trouvent, du moins en bonne partie, dans le Québec des années 1950 et dans la vision du monde qui y est née. Le Canada (post)moderne trouve en partie sa genèse dans l'antiduplessisme.

Une telle posture n'allait toutefois pas faire l'unanimité, l'inscription du sentiment national dans l'espace politique laurentien définissant depuis longtemps la condition historique québécoise. La distinction s'imposait donc entre la répudiation du Québec traditionnel et l'adhésion résolue au fédéralisme pancanadien. Et l'immense majorité des modernisateurs de la société canadienne-française se situait à l'intérieur de l'horizon québécois. La génération héritière de *Cité Libre*, souvent formée dans ses pages, devait formuler autrement l'hypercritique du Québec traditionnel sans pour autant renier l'appartenance à la nation québécoise et sans abolir la loyauté première à la communauté politique québécoise, d'autant plus que les Canadiens français redécouvraient alors la marginalisation dont ils étaient victimes dans leur propre société et réinterprétaient leur histoire à la lumière de la Conquête — une interprétation formulée et relayée, tout à la fois, par les historiens de l'École de Montréal[5]. Les Canadiens français faisaient mentale-

---

4. André Burelle, *Pierre Elliott Trudeau. L'intellectuel et le politique*, Montréal, Fides, 2005.

5. D'autant plus que l'École de Montréal avait elle aussi fait le procès en règle du Canada français, le texte le plus connu de Michel Brunet l'exprimant pleinement

ment l'expérience de leur propre dépossession dans le seul espace politique qu'ils s'étaient historiquement reconnu et approprié. On trouve là les traces du premier indépendantisme, porté par le Rassemblement pour l'indépendance nationale (RIN). L'indépendantisme des intellectuels indépendantistes se constituait à la fois contre le Canada anglais et contre le Canada français. Il ne s'agissait plus alors de lutter contre le nationalisme québécois et l'idéal renaissant de l'indépendance mais de retourner ce dernier contre le Québec historique pour achever sa liquidation. Au croisement de ce nationalisme exaspéré par l'impuissance canadienne-française et du progressisme professé par la plupart des membres de la jeune intelligentsia, se nouera une nouvelle synthèse recyclant le nationalisme à la gauche de la gauche en l'investissant d'une utopie révolutionnaire appelée à s'exprimer dans la revue *Parti pris,* qui demeurera pour toute une génération ayant joué un rôle majeur dans la pensée souverainiste le premier exemple d'un nationalisme délivré de la vieille tradition canadienne-française — d'un nationalisme passant le test du progressisme, en quelque sorte. De *Cité Libre* à *Parti pris,* l'intelligentsia accentuera un radi-

---

dans sa critique de l'antiétatisme, du cléricalisme et du messianisme canadien-français. Brunet voyait dans la culture canadienne-française la conséquence de la domination politique imposée au Québec par la Conquête, dans la mesure où elle se serait institutionnalisée comme une image inversée du rapport de subordination qui serait celui du Québec dans le fédéralisme canadien. Cette culture serait donc symptomatique d'une aliénation nationale que la raison historique et politique pourrait contribuer à déconstruire. Mais plus encore que Brunet, qui demeurait fidèle au nationalisme de Lionel Groulx, ou encore de Guy Frégault, qui cherchait lui aussi à sauver son vieux maître et la légende de la Nouvelle-France, c'est Maurice Séguin qui, dans sa sociologie du national, a mené le raisonnement jusqu'à ses ultimes conséquences : deux siècles d'histoire aboutissaient à une identité avortée. Il ne s'agit pas ici de dire que le nationalisme gaullien et finalement plutôt conservateur — pour peu que l'on définisse le conservatisme comme une disposition défavorable envers l'utopisme — de l'École de Montréal entendait délibérément disqualifier l'expérience historique québécoise, mais de rappeler, tout simplement, que la critique systématique du Québec traditionnel ne fut pas l'apanage du fédéralisme militant.

calisme idéologique entraînant peu à peu l'imperméabilisation de la société québécoise par rapport à ses propres traditions politiques et culturelles, soit pour la livrer à l'idéal personnaliste d'une société hypercritique de ses institutions traditionnelles et recouvrant dans le fédéralisme canadien une certaine universalité, soit pour la désaliéner sans compromis et la transformer en terre vierge à féconder par l'idéal révolutionnaire. *Parti pris* reprenait le procès du nationalisme traditionnel pour qu'advienne un indépendantisme décolonisateur, avec le tiers-mondisme comme nouveau paradigme pour appréhender la réalité québécoise. Une fraction de l'intelligentsia s'initiait au socialisme, lequel prenait le relais du personnalisme comme philosophie radicale à partir de laquelle faire un procès qui s'apparentait de plus en plus à celui de la civilisation occidentale. *Nègres blancs d'Amérique*: la formule de Pierre Vallières est datée, mais elle est symptomatique de ce tiers-mondisme fantasmatique qui imprègne alors la jeune intelligentsia québécoise[6]. Désormais s'imposait une nouvelle critique de la culture nationale fondée sur l'étude de la psychologie du colonisé et de l'aliénation du Québécois qui aurait été doublement dominé par l'Anglais et le Prêtre. Si le premier correspondait à une forme indéniable de domination extérieure liée à la question nationale, le second symbolisait l'aliénation psychologique de toute une nation qu'on entendait désormais éveiller aux échos de la contre-culture, entendu au sens très large d'une critique des fondements de notre civilisation, qui traversait les sociétés occidentales. On se lancera alors à la recherche d'un socialisme québécois.

Une frange importante du mouvement indépendantiste naissant a repris ces thèses pour prôner à une décolonisation intégrale du Québec[7]. Les premières querelles ouvertes au sein du RIN portèrent sur la place qu'y jouaient ceux que Bourgault appelait les

6. Pierre Vallières, *Nègres blancs d'Amérique*, Montréal, Parti pris, 1968.

7. Gilles Bourque et Gilles Dostaler, *Socialisme et Indépendance*, Montréal, Boréal Express, 1980, p. 160-183, 270, 326.

« réactionnaires » et qui émettaient des doutes sérieux concernant les mérites du socialisme, la disqualification des valeurs tradition-nelles du Canada français et le détournement de l'indépendance au nom de la Révolution. Jean-François Nadeau l'a rappelé dans sa biographie du chef le plus connu du RIN, il fallait faire du nou-veau pays l'occasion d'une transformation sociale radicale qui permettrait de déprendre sa culture des schèmes historiques à par-tir desquels elle s'était élaborée. Nadeau y multiplie les confirma-tions du révolutionnarisme de Bourgault et sa promotion d'un indépendantisme qui avait moins à voir avec le nationalisme his-torique qu'avec le socialisme. Non seulement Bourgault « n'a jamais été très enthousiaste à l'idée d'une union avec des indépen-dantistes de droite », mais Nadeau affirme aussi, sans trop se trom-per, que « parmi les penseurs indépendantistes, on ne trouve alors certainement personne de moins nationaliste que lui[8] ». L'indé-pendantisme des années 1960 a multiplié les ruptures à droite, avec Marcel Chaput d'abord, puis avec le nationalisme conservateur qui se retrouvera au Ralliement national (RN)[9]. « À droite » était alors synonyme de « réactionnaire », et réactionnaire, de non-socialiste, de défenseur de la primauté du national. Marcel Chaput rappelait dans un de ses livres que la première critique faite au Parti répu-blicain du Québec qu'il fonda après son départ du RIN était juste-ment de pécher par son ancrage à « droite ». Chaput répondait à ces critiques : « pour moi, ces termes politiques de gauche et de droite n'ont aucune signification au Québec[10] ». Autrement dit, pour Chaput, le nationalisme devait se constituer sur le principe du rassemblement national. Mais il sera vite déclassé. Au RIN, la lutte contre la réaction prendra en partie le dessus sur la lutte

8.   Jean-François Nadeau, *Bourgault*, Montréal, Lux, 2007.

9.   Éric Bédard, « René Lévesque et l'alliance avec les bleus », dans Alexandre Stefa-nescu (dir.), *René Lévesque. Mythes et réalités*, Montréal, VLB, 2008, p. 147-159.

10. Marcel Chaput, *J'ai choisi de me battre*, Montréal, Le Club du livre, 1965, p. 92.

contre le fédéralisme canadien et une forte tendance socialiste s'y développera. L'indépendantisme prenait la forme d'un utopisme, d'un révolutionnarisme animé par l'idéal de la table rase. Les théoriciens du RIN eux-mêmes ont ainsi formulé le projet indépendantiste. Dans *Le Colonialisme au Québec*, André D'Allemagne écrit :

> Ce qu'il faut au Québec, c'est une authentique révolution. En ce sens qu'il ne s'agit pas de réformer les structures et les institutions traditionnelles de l'intérieur, en en conservant l'esprit, mais au contraire, de les supprimer pour les remplacer par d'autres qui d'ailleurs, restent partiellement à définir. [...] Ainsi, dépouillé des scories du passé et du colonialisme, le Québec devient une page blanche sur laquelle tout est à écrire et tout peut être écrit. Une fois effondrées les institutions coloniales et la mentalité qui en découle (paternalisme, individualisme, féodalisme), le Québec aura cet énorme avantage de ne pas traîner le poids d'une histoire qui ne lui appartient pas[11].

Société dominée, le Québec disposerait donc d'un privilège historique majeur : celui de repartir de zéro. Bourgault s'est livré lui-même à certaines confessions qui confirment le dévoiement fantasmatique de l'indépendantisme riniste : « Je rêve que le Québec, libre enfin, devienne le premier pays du monde à n'avoir ni drapeau, ni hymne national. Je rêve de voir notre seule liberté nous servir d'étendard et notre seule fraternité nous servir d'identification pour le genre humain[12]. » Ici encore faut-il parler d'utopisme ou de nationalisme ?

La poésie nationaliste a exprimé avec une douleur travaillée ce tiers-mondisme à la québécoise. C'est dans son aliénation radicale

---

11. André d'Allemagne, *Le Colonialisme au Québec*, Montréal, RB éditeur, 1966, p. 175.

12. Jean-François Nadeau, *Bourgault*, p. 309.

que le Québec trouvait son droit à la pleine existence nationale. Tout jeter à terre, tout recommencer : voilà les deux conditions essentielles auxquelles devait satisfaire un mouvement de libération nationale qui devait accoucher non seulement d'un nouvel État-nation mais aussi d'une nouvelle société, d'un nouveau peuple, d'un nouveau monde, d'un homme nouveau qui ne soit plus dédoublé, qui soit libéré de l'aliénation pesante du colonisé qu'avait cru décrire Jean Bouthillette[13]. Cette vision des choses trouva son expression la plus vive dans le célèbre poème *Speak White* de Michèle Lalonde, qui assimilait la condition québécoise à celle des colonisés de partout dans le monde ainsi qu'à la lutte contre l'impérialisme, désormais figure achevée d'une civilisation pathologique. Les vers sont connus : « Speak white / [...] parlez un français pur et atrocement blanc /comme au Viêt-Nam au Congo parlez un allemand impeccable / une étoile jaune entre les dents / parlez russe parlez / rappel à l'ordre parlez répression / speak white / c'est une langue universelle / nous sommes nés pour la comprendre ». On remarque ici que le nationalisme décolonisateur assimilait la colonisation européenne au nazisme et faisait du Québec une victime de cette colonisation. La « révolution québécoise » devait accoucher d'une société toute neuve, qui avait plus à voir avec la création idéologique qu'avec une certaine tradition dont on entreprendrait la rénovation[14].

Ainsi, au moment même de la modernisation de sa référence officielle, le Québec intériorisait un logiciel idéologique qui enclenchait sa désoccidentalisation. Cette hypercritique s'est si vite diffusée dans les milieux évolués qu'elle est devenue la nouvelle doxa de l'intelligentsia par rapport à l'identité québécoise, au point même où on retrouve encore aujourd'hui certaines figures qui s'en réclament. L'impératif était sans ambiguïté : le Québec devait se

---

13. Jean Bouthillette, *Le Canadien français et son double*, Montréal, Éditions de l'Hexagone, 1972.

14. Jean-Christian Pleau, *La Révolution québécoise*, Montréal, Fides, 2002.

désaffilier du vieux monde. Si l'Occident n'était qu'une histoire de maîtres, de dominateurs, et si le Québec n'était qu'une histoire d'aliénés et de dépossédés, l'appartenance du Québec à la civilisation occidentale relevait d'une identification fantasmatique. Le Québec n'était plus une nation française appartenant à la civilisation occidentale mais une société excentrée consentant à sa propre satellisation idéologique par un tiers-monde représenté sous la figure d'un nouveau sujet révolutionnaire conforme aux exigences stratégiques de la gauche radicale. On pourrait ajouter, d'ailleurs, que toute la culture québécoise et ses classiques de l'époque s'étaient déployés dans une critique de l'aliénation, comme on peut le voir aussi avec le théâtre de Michel Tremblay, qui faisait de la transgression et de la marginalité les voies d'accès privilégiées à la dignité humaine, comme si la culture québécoise ne parvenait à se constituer qu'à la manière d'une contre-culture, ce qui aura, ultérieurement, des répercussions sur sa capacité à assumer une définition traditionnelle de l'autorité, du principe d'institution. La culture québécoise prenait forme dans la négation fondamentale de ce qui lui aurait permis de se perpétuer. La désoccidentalisation de l'identité québécoise finira par se retourner contre le souverainisme. Évidemment.

Le nationalisme de René Lévesque

Mais l'utopisme révolutionnaire des militants de l'indépendantisme décolonisateur a trouvé bien peu d'écho dans un peuple « moins malheureux qu'on ne voulait lui faire croire », selon la formule de Gérard Bergeron[15]. Les Québécois étaient peut-être colonisés en un certain sens très particulier, mais ils ne l'étaient pas au sens où l'entendait la gauche indépendantiste et décolonisatrice.

---

15. Gérard Bergeron, *Le Canada français après deux siècles de patience*, Paris, Éditions du Seuil, 1967, p. 266.

D'ailleurs, le Québec réel décevra plus d'une fois les accoucheurs de l'homme nouveau, ce qui amènera une frange de la gauche nationale à basculer dans le fantasme de la lutte armée (avec le FLQ) et une autre à dériver plus tard vers le sectarisme marxiste-léniniste. C'est à la lumière de ces éléments que l'on peut penser une forme de rupture intellectuelle et politique entre les indépendantistes du RIN et le souverainisme de René Lévesque, dont on a inversement exagéré la rupture avec le Canada français. C'est probablement parce qu'il en avait l'intuition que René Lévesque a eu des rapports acrimonieux avec les premiers indépendantistes, surtout ceux de la tendance Bourgault. Lévesque lui-même n'a jamais fait mystère de sa méfiance pour le socialisme indépendantiste qu'il associait à des idéologues « bâti[sseurs] de systèmes théoriques [...] se fichant du peuple[16] ». Inversement, le Parti québécois, sous sa direction, a été la meilleure expression politique de la nouvelle idéologie québécoise qui héritait plus qu'on ne l'a traditionnellement reconnu de l'expérience historique canadienne-française, surtout par la promotion d'un nationalisme militant devant conduire à la proclamation de l'indépendance du Québec. On le sait, le Parti québécois était une coalition bien plus vaste que n'aurait jamais pu l'être le Rassemblement pour l'indépendance nationale. Malgré ce qu'écrivent encore aujourd'hui les premiers artisans du RIN, ce ne fut pas d'abord par lui que les Québécois se familiarisèrent avec une version normalisée de l'idée d'indépendance (en faisant du RIN le pionnier de l'indépendantisme moderne, on oblitère la présence d'un vieux désir d'indépendance qui traverse l'histoire du Québec). Surtout, on enferme l'idée d'indépendance dans les paramètres exclusifs de la modernisation québécoise en dissociant radicalement le nationalisme « québécois » et le nationalisme « canadien-français », comme si le premier ne devait rien devoir au second.

---

16. Cité dans Gilles Bourque et Gilles Dostaler, *Socialisme et Indépendance,* Montréal, Boréal Express, 1980, p. 83.

Pourtant, le Parti québécois héritait d'une interprétation de la question nationale qui datait au moins des années 1920. Il devait pour cela aménager le récit qu'il proposait de l'expérience historique québécoise en considérant différentes trames de la conscience historique qui n'assumaient pas toutes aussi intégralement la rupture de 1960. C'était bien évidemment le cas des nationalistes conservateurs venus du RN, qui avaient refusé la rupture radicale avec l'héritage traditionnel du Canada français[17]. Mais c'était aussi le cas des libéraux nationalistes passés avec Lévesque par le Mouvement souveraineté-association et qui n'avaient jamais vraiment confondu le régime duplessiste, qu'ils décriaient dans la plupart de ses aspects, et l'expérience historique du Canada français, qu'ils refusaient de disqualifier totalement[18]. Une bonne partie du vieux fond bleu associé à l'Union nationale et modernisé par la jeune garde nationaliste associée à Daniel Johnson s'est aussi transvidée progressivement au PQ (on l'oublie aussi, mais la mort inattendue, précoce, de Daniel Johnson, priva le nationalisme d'une synthèse de centre-droit, sous la forme d'un gaullisme à la québécoise, alors en incubation dans la cuvée parlementaire de l'Union nationale version 1966. À la course à la direction de l'Union nationale, en 1969, Jean-Guy Cardinal, qui passait alors pour un des plus beaux espoirs de la politique québécoise, chercha ainsi à gagner l'Union nationale sur sa droite, en mobilisant le sentiment national dans une perspective conservatrice, se référant sans trop de complexes à la figure d'un Duplessis réhabilité du fait de sa popularité inattendue dans les milieux unionistes. De la même manière, au moment de la fondation du PQ, René Lévesque a préféré faire alliance avec le nationalisme conservateur et régional du Ralliement national de Gilles Grégoire (qui rassemblait des dissidents du RIN) plutôt qu'avec l'indépendantisme gauchiste du RIN ver-

---

17. Éric Bédard, « René Lévesque et l'alliance avec les bleus », p. 147-159.

18. Xavier Gélinas, « Notes sur René Lévesque et le traditionalisme canadien-français », dans Alexandre Stefanescu (dir.), *René Lévesque*, p. 37-49.

sion 1968, avec Pierre Bourgault à sa tête. À travers cette alliance, c'est un nationalisme plus traditionnel qui se voyait réhabilité et réadmis dans l'espace politique mis en place par la Révolution tranquille, un nationalisme inscrivant l'indépendance dans une certaine continuité québécoise, qui l'associait aussi davantage à un imaginaire de l'enracinement plutôt qu'à un imaginaire de la rupture radicale, tourné à la fois contre le Canada anglais *et* contre le Canada français. En rejoignant le souverainisme moderne, le RN trouvait ainsi à modérer sa prétention à la rupture radicale avec le vieux nationalisme québécois. De la même manière, durant son premier mandat, René Lévesque n'a pas hésité à restaurer et à rendre publique la statue de Maurice Duplessis, non plus qu'à rendre hommage au chanoine Lionel Groulx, ce que peinent à admettre aujourd'hui ceux qui ont transformé le fondateur du PQ en icône d'un nationalisme civique ne devant absolument rien aux vieilles luttes canadiennes-françaises, certains jouant même une version épurée de sa mémoire contre la réaffirmation du nationalisme « identitaire » depuis la crise des accommodements raisonnables[19]. Il y avait, somme toute, un sentiment conservateur latent chez René Lévesque, qui le rendait réfractaire à la part d'utopisme que certains voulaient injecter dans le projet souverainiste.

On peut aller encore plus loin. Le nationalisme de Lévesque avait une tonalité tout à fait singulière. La première page d'*Option Québec* exposait une vision de l'identité québécoise profondément enracinée dans l'histoire :

> Nous sommes des Québécois. Ce que cela veut dire d'abord et avant tout, et au besoin exclusivement, c'est que nous sommes attachés à ce seul coin du monde où nous puissions être pleinement nous-mêmes, ce Québec qui, nous le sentons bien, est le seul

---

19. Sur la sympathie manifeste de René Lévesque pour le nationalisme traditionnel, on consultera les textes de Xavier Gélinas et d'Éric Bédard dans Alexandre Stefanescu (dir.), *René Lévesque*, p. 37-49 et 147-159.

endroit où il nous soit possible d'être vraiment chez nous. Être nous-mêmes, c'est essentiellement maintenir et développer une personnalité qui dure depuis trois siècles et demi. Au cœur de cette personnalité se trouve le fait que nous parlons français. Tout le reste est accroché à cet élément essentiel, en découle ou nous y ramène infailliblement.

Lévesque poursuivait en rappelant les grands éléments de la trame historique québécoise :

Dans notre histoire, l'Amérique a d'abord un visage français [...]. Puis vint la Conquête. Nous fûmes des vaincus qui s'acharnaient à survivre petitement sur un continent devenu anglo-saxon. Tant bien que mal, à travers bien des péripéties et divers régimes, en dépit de difficultés sans nombre (l'inconscience et l'ignorance même nous servant trop souvent de boucliers), nous y sommes parvenus. [...] Pour tous, le moteur principal de l'action a été la volonté de continuer, et l'espoir tenace de pouvoir démontrer que ça en valait la peine. Jusqu'à récemment, nous avions pu assurer cette survivance laborieuse grâce à un certain isolement. Nous étions passablement à l'abri dans une société rurale, où régnait une grande mesure d'unanimité et dont la pauvreté limitait aussi bien les changements que les aspirations. Nous sommes fils de cette société dont le cultivateur, notre père ou notre grand-père, était encore le citoyen central.

Lévesque mobilisait la mémoire de la Nouvelle-France, à laquelle il raccrochait explicitement le peuple québécois.

Nous sommes aussi les héritiers de cette fantastique aventure que fut une Amérique d'abord presque entièrement française et, plus encore, de l'obstination collective qui a permis d'en conserver cette partie vivante qu'on appelle le Québec. Tout cela se trouve au fond de cette personnalité qui est la nôtre. Quiconque ne le ressent pas au moins à l'occasion n'est pas ou n'est plus l'un d'entre nous[20].

Ces belles pages rappellent que le nationalisme d'après 1960 avait finalement trouvé sa source dans un lointain passé aisément mobilisable pour fonder ses revendications. La nation avait alors l'allure d'une réalité organique, ce que confirme d'ailleurs la belle mention d'une « personnalité collective », manière plus vivante d'évoquer ce que l'on appelle aujourd'hui une identité nationale, René Lévesque pratiquant un nationalisme n'ayant rien à voir avec le souverainisme aseptisé de ses héritiers revendiqués[21].

Les circonstances politiques favorisèrent aussi cette réhabilitation précoce d'un passé national nécessaire à la remise en scène d'une identité un tant soit peu substantielle, ne serait-ce que pour fonder un discours nationaliste qui faisait du partage d'une même culture un argument fondamental du projet souverainiste. Le conflit récurrent avec le Canada anglais révélait au Québec son altérité identitaire en l'obligeant à perpétuellement confirmer son existence par le rappel de son histoire et de la légitimité qui la traversait. Le livre blanc du référendum de 1980 a confirmé cette récapitulation de l'histoire québécoise sous le signe de la lutte nationale et faisait des souverainistes les héritiers de tout un combat animé par l'idéal du maître chez nous. L'indépendance devenait donc par un effet rétrospectif la véritable tradition nationale québécoise. C'est l'idée d'un destin québécois qui se maintenait. L'idéal d'indépendance sera indéniablement investi d'une charge symbolique sacralisée correspondant au vieux désir d'achèvement que Jacques Beauchemin a aperçu dans la conscience historique[22]. De fait, dans sa lutte pour la souveraineté, le Québec trouvait matière à cultiver le

---

20. René Lévesque, *Option Québec*, Montréal, Éditions de l'Homme, 1968, p. 19-20.

21. Alain Noël, « Un homme de gauche ? », dans Alexandre Stefanescu (dir.), *René Lévesque*, p. 133-146.

22. Jacques Beauchemin, *L'Histoire en trop*, Montréal, VLB, 2002.

sentiment de sa continuité historique. Une certaine tradition reprenait vie dans le dévoilement d'un vieux désir d'achèvement. Cette
vision existentielle du souverainisme parviendra à se maintenir au
cours des années 1980 et 1990, dans une synthèse de nationalisme
historico-linguistique, d'appel à la refondation politique du Québec
et de laïcité, qui remplacera l'ancienne peur de l'assimilation par la
peur de la régression historique dans le monde d'avant la Grande
Noirceur. C'est en bonne partie en se fondant sur cette vision identitaire qu'on mènera les deux référendums sur la souveraineté. C'est
aussi en se fondant sur elle que plusieurs chercheront d'ailleurs à
refonder le cadre fédéral dans une politique du statut particulier.

Le péquisme ou la modernisation technocratique
de l'identité québécoise

Ainsi, si le souverainisme a pris dès sa naissance un pli progressiste,
il n'était pas *exclusivement* à gauche, René Lévesque contribuant à
modérer l'utopisme messianique de la frange la plus radicale de
la Révolution tranquille. Le nationalisme de Lévesque avait plus à
voir avec le nationalisme historique de continuité qu'avec le nationalisme décolonisateur de la gauche radicale, même s'il lui
empruntait quelques éléments, par exemple lorsqu'il dénonçait les
Rhodésiens de Montréal. Toutefois, le problème n'était qu'en partie réglé, car le nationalisme de Lévesque ne recoupait que partiellement celui qui allait se développer au sein du PQ — ce qui a
entraîné, on le sait, de multiples frictions entre le chef fondateur
du parti et ceux qui composaient sa base militante (et qui prove-
naient d'ailleurs en partie du RIN). L'histoire est ici génération-
nelle. La génération des fondateurs du Parti québécois, avec des
personnalités comme René Lévesque, Jacques Parizeau, Camille
Laurin et Bernard Landry, n'était pas, comme on l'a vu, étrangère
au vieux nationalisme québécois, et s'en est pour cela généralement tenue à une définition historique et existentielle de la nation

qu'elle est parvenue à moderniser sans la dénationaliser. La génération de ses premiers ralliés, qui appartenaient pour la plupart à la cohorte du baby-boom et dont la formation politique était pétrie du mythe de l'émancipation radicale associé à la deuxième vague de la Révolution tranquille, a, quant à elle, vite associé le projet souverainiste à un modernisme technocratique et libertaire caractéristique du climat idéologique des années 1970. D'ailleurs, le Parti québécois attirera les jeunes élites modernisatrices qui trouveront dans la poursuite de la souveraineté et la construction du modèle québécois à la fois un moyen de promotion sociale et une manière de redéfinir le nationalisme en le désinvestissant de ses contenus traditionnels. Pour cette génération, l'appartenance au Québec a d'abord pris la forme d'une *appartenance à la modernité québécoise,* qui se pensait en contraste assez radical avec la société canadienne-française, dont elle ne se voulait pas l'aboutissement, mais la contradiction. Sans être révolutionnaire ou révolutionnariste, cette génération était très certainement moderniste et envisageait les rapports sociaux à partir d'un paradigme bureaucratique. Par ailleurs, les nombreux passages du souverainisme au gouvernement l'ont amené à promouvoir une nouvelle classe technocratique assurant son ascension sociale à travers la mise en place et le pilotage du modèle québécois. On peut refaire le dernier raisonnement autrement : la création du Parti québécois en 1968, une année symbolisant le commencement de l'inversion des valeurs dans les sociétés occidentales, était en cela annonciatrice de son ambiguïté doctrinale, à la fois héritier du vieux nationalisme d'inspiration groulxienne (tel que relayé par l'École de Montréal) et porteur d'un projet de modernisation sociale plus ou moins radical qui l'amènera à situer la poursuite de la souveraineté dans la réalisation d'un projet de société progressiste. Le vieux rêve de l'indépendance qui irriguait depuis toujours la conscience nationale et que Félix Leclerc a magnifiquement rendu dans sa chanson *Le Tour de l'île* était reformulé dans l'idéal d'une société technocratique et libertaire qui trouverait le pays du Québec comme réceptacle. Cette vision du projet souverainiste caractérisera la mouvance dominante du souverainisme, qui a confondu dans un même projet l'émancipation nationale du Québec et sa modernisation sociale et culturelle (et souvent contre-culturelle). La souveraineté ne devait plus seulement constituer une nation historique en État indépendant, elle devait *créer une nouvelle société*. Le souverainisme entendu ici comme idéologie du PQ se présentait comme le parachèvement de la modernisation sociale et technocratique de la société québécoise.

Cette dominante technocratique et progressiste du souverainisme officiel est repérable dans la culture politique du PQ dès les années 1970, dans sa base militante, qu'on caricaturait souvent, et pas toujours à tort, comme un rassemblement de professeurs et de fonctionnaires composant la nouvelle bourgeoisie bureaucratique promue par la Révolution tranquille. Le PQ, dans son rapport à l'État et au gouvernement de la chose publique, a favorisé une approche centralisatrice que certains reconnurent assez tôt comme le vecteur d'une technocratisation de la société. Cette tendance s'est radicalisée à partir de la deuxième moitié des années 1990 quand l'espace politique a commencé à se recomposer autour de la question du modèle québécois, que plusieurs voulaient préserver, que d'autres voulaient réformer, que certains voulaient liquider. C'est à ce moment, peut-être, que l'association de l'idée de souveraineté à la social-technocratie québécoise s'est radicalisée pour devenir définitive. L'attachement des souverainistes au modèle québécois est tel qu'ils ont souvent assimilé sa remise en question à une tentative de déconstruction intérieure de la société québécoise, les « valeurs québécoises » étant apparemment assimilables à une forme d'égalitarisme économique et social dont la social-démocratie serait la meilleure gardienne. On peine à s'en souvenir, mais en 1999, dans le contexte politique postréférendaire où les souverainistes cherchaient à affranchir leur argumentaire des références identitaires traditionnelles, même Lucien Bouchard avait présenté les adversaires du modèle québécois comme des ennemis du Québec. Il les accusait de ne pas aimer le Québec. Cette conviction est répandue chez les souverainistes et a servi plus d'une fois à contester la légitimité nationaliste de l'ADQ, même si ce parti, à tout le moins sous la gouverne de Mario Dumont, s'est réclamé constamment du Québec d'abord. Parce qu'il n'était pas à gauche, Mario Dumont n'était apparemment pas vraiment québécois. D'ailleurs, dans le discours souverainiste, la « droite » sera souvent présentée comme une référence étrangère, propre à un conservatisme anglo-saxon aussi matérialiste que borné, l'imaginaire de la Grande Noirceur interdisant toute référence au conservatisme dans l'espace public. Il est devenu de plus en plus difficile de défendre la souveraineté sans défendre du même souffle le modèle québécois, d'être souverainiste sans être progressiste, comme le soutiendra Bernard Landry au moment de la Saison des idées qui a suivi la défaite électorale de 2003.

Je l'ai souvent écrit, et cela principalement dans *La Dénationalisation tranquille* : avec la mutation du progressisme occidental dans les années 1990, une bonne partie du milieu souverainiste, particulièrement actif dans les milieux intellectuels, médiatiques et technocratiques, s'est convertie aux différentes causes associées à l'idéologie diversitaire. Les souverainistes passèrent d'une défense de l'identité québécoise historique à la promotion d'une nouvelle identité québécoise fondée sur les valeurs progressistes et la Charte des droits qui en assurerait constitutionnellement l'expression. L'identité québécoise perdait alors son épaisseur historique pour devenir une fiction social-technocratique. Elle risquait aussi de se déréaliser aux yeux de la population. Ce qui restait du vieux fond « traditionnel » de l'identité nationale a alors été éliminé au nom d'une nouvelle définition de la nation, plus « inclusive », qui avait davantage l'allure d'une création technocratique que d'une réalité historique et existentielle. On pourrait ainsi parler de la mutation soixante-huitarde du souverainisme, qui délaisse les formes les plus traditionnelles du sentiment national. En voulant pousser toujours plus loin la modernisation de l'identité collective, les sou-

verainistes ont consenti, en quelque sorte, à sa postmodernisation
— à sa dénationalisation, conséquemment. C'est dans le langage
de la diversité obligatoire qu'on a cherché à traduire désormais
l'identité québécoise. Le sacrifice de la majorité historique francophone représentait en quelque sorte la suite logique du sacrifice
préalable de son passé culturel, dont il n'était plus permis de se
souvenir autrement qu'à travers la figure de la Grande Noirceur.
L'utopisme modernitaire hérité de la Révolution tranquille s'est
radicalisé sous la figure de la « diversité », à travers le passage
aujourd'hui bien documenté d'un nationalisme « ethnique » fantasmatique à un nationalisme « civique » rédempteur. La définition
de la nation semblait désormais se réduire à une reproduction à la
québécoise des catégories de la postmodernité « inclusive et progressiste ». Michel Venne, une figure intellectuelle importante du
souverainisme postréférendaire, proposait ainsi cette définition de
la nation québécoise : « [L]es Québécois partagent des valeurs qui
fondent des lois. Les libertés fondamentales, les droits individuels
et collectifs sont énoncés dans la Charte québécoise des droits de
la personne depuis 1975. La Charte de la langue française, les déclarations adoptées par notre Assemblée nationale contre le racisme
ou reconnaissant les nations autochtones balisent les rapports
entre majorité et minorités[23]. »

On cherche péniblement dans cette définition le sentiment
national, la part vécue de l'identité québécoise, évidemment indissociable de la prépondérance culturelle légitime exercée par la
majorité francophone, qui ne se vit pas comme une communauté
parmi d'autres dans le Québec pluriel. Le parcours intellectuel de
Gérard Bouchard, de *La Nation québécoise au futur et au passé*
jusqu'au rapport Bouchard-Taylor, est exemplaire de cette mutation idéologique du souverainisme qui s'est engagé depuis une
quinzaine d'années dans la multiculturalisation de l'identité natio-

---

23. Michel Venne, « Dumont dérape », *Le Devoir*, 20 novembre 2006.

nale. Dans son ouvrage consacré à la *Genèse des nations et cultures du Nouveau Monde*, il n'hésitait pas à se lancer dans une envolée lyrique sur la nécessaire désoccidentalisation de la référence québécoise.

> Ainsi, le Québec trouverait sa vocation naturelle en récusant les chimères des deux mondes qui de toute manière lui échappent et en se constituant comme culture des interstices, en recherchant son monde interlope par des chemins obliques. Un tiers-monde, en effet, mais moins par sa pauvreté que par son excentricité. En sorte que la perte et le deuil de ses deux univers de référence en fassent non pas un orphelin, qui serait voué éternellement au commentaire nostalgique et stérile d'une privation ou d'une absence, mais carrément un bâtard : ensauvagé comme au début (à l'image et dans le sillage de ses devanciers indigènes et européens), s'abreuvant à toutes les sources proches ou lointaines, mêlant et dissipant tous ses héritages, répudiant ses ancêtres réels, imaginaires et virtuels, il s'inventerait dans cette position originelle un destin original qu'il pourrait enfin tutoyer, dans l'insouciance des ruptures et des continuités. Non pas un bâtard de la culture, mais une culture et, pourquoi pas, un paradigme du bâtard. Au creux de son indigence, ce tiers-monde, ce « pays chauve d'ancêtres » en viendrait à enraciner une insolence qui serait une façon de se poser dans le monde et dans le Nouveau Monde. Ce serait sa manière d'accéder enfin à l'autonomie, à sa vérité, et peut-être à l'universel[24].

Le principal théoricien du néosouverainisme postréférendaire ne radicalisait-il pas ainsi dans sa définition de l'identité québécoise une tendance lourde de la Révolution tranquille, à savoir sa désoccidentalisation ?

---

24. Gérard Bouchard, *Genèse des nations et cultures du Nouveau Monde*, Montréal, Boréal, 1999.

Le souverainisme : un provincialisme techno-progressiste ?

Cette brève rétrospective historique du souverainisme suggère une conclusion forte : le souverainisme n'a jamais été un mouvement faisant exclusivement la promotion de l'indépendance du Québec non plus qu'un simple parachèvement du nationalisme dans la lutte pour la pleine existence politique du Québec. C'est une mouvance beaucoup plus vaste qui a en bonne partie transformé le nationalisme en instrument de développement et de consolidation de l'État social-thérapeutique[25]. Le souverainisme dans sa version péquiste était moins circonstanciellement progressiste que consubstantiellement progressiste. Le souverainisme comme projet politique a pris forme, en quelque sorte, dans les catégories d'une manière de provincialisme progressiste. Il était bien moins politique que social ou moral. Son rapport au politique balançait entre l'utopisme et le technocratisme : il ne se situait pas vraiment dans un registre existentiel ou historique. Évidemment, la représentation de la question nationale en fut affectée. Le souverainisme envisage le développement québécois avec un préjugé bureaucratique et, en conséquence, même lorsqu'il présente les avantages de l'indépendance, il cherche à le faire en quantifiant les mesures concrètes dans les ministères socioéconomiques qu'elle rendrait possible, comme si la vocation principale de l'indépendance était d'améliorer le quotidien de chacun et non pas de faire accéder une communauté historique à la pleine existence

---

25. J'entends par là l'État-providence qui, à partir des années 1990, étend considérablement sa prétention à la gestion de la société au nom de sa rééducation thérapeutique dans des domaines aussi variés que l'éducation, la santé publique, la gestion de la délinquance ou la promotion de la « diversité » à travers la lutte contre les discriminations. L'État social prétendait redistribuer la richesse selon les exigences d'une justice socioéconomique relativement égalitariste. L'État social-thérapeutique entend piloter la transformation culturelle, sociale et identitaire de la société de façon à instaurer des pratiques émancipatoires post-traditionnelles dans toutes les institutions sociales qui préexistaient à l'avènement de la société technocratique.

politique, comme si la souveraineté au sens fort n'avait aucune valeur en soi. On technocratise ainsi les avantages de l'indépendance, sans même voir par ailleurs que les gains associés à la souveraineté se rapportent la plupart du temps aux champs de compétence provinciale, comme si l'indépendance n'impliquait pas un élargissement de la souveraineté politique québécoise dans des domaines où la rationalité social-démocratique ne s'applique pas. La souveraineté se déploie moins à partir des exigences du nationalisme historique que du progressisme technocratique. On veut calculer le nombre de places en garderie qu'elle permettra, les investissements en santé qu'elle rendra possible. On reproche au fédéralisme d'empêcher le Québec d'appliquer son propre modèle de gestion de la délinquance juvénile. On accuse le fédéralisme d'empêcher le Québec d'aller encore plus loin dans son modèle de développement social. Et ainsi de suite.

Il ne faudrait pas croire que cette vision de la souveraineté était propre à la frange la plus à gauche du mouvement. Cette logique, c'était aussi celle du budget de l'an 1, présenté par François Legault lorsqu'il était encore dans les rangs du Parti québécois. Legault voulait comptabiliser les avantages concrets de l'indépendance dans une forme de dissolution comptable du nationalisme — les questions identitaires étaient à peine rappelées dans les réunions avec la base militante, que l'on croyait seule disposée à en parler, et encore. Dans une lettre ouverte de 2003, François Legault écrivait ainsi :

> On doit montrer concrètement aux Québécois(es) que le rapatriement de tous nos pouvoirs et de tous nos impôts nous permettrait d'élaborer un projet porteur d'avenir pour le Québec et de mieux nous occuper de nos priorités. Il faudra mieux expliquer qu'un Québec souverain pourrait fournir de meilleurs soins à nos personnes en perte d'autonomie, mieux soutenir les entrepreneurs de nos régions, venir davantage en aide aux enfants en difficulté d'apprentissage, fournir aux familles défavorisées encore plus de loge-

ments à prix abordable. Montrer à quel point les dédoublements, les chicanes, les négociations sans fin rendent le système fédéral inefficace. Pourquoi pas aussi la souveraineté pragmatique, qui expliquerait concrètement où irait l'argent récupéré? Pourquoi pas montrer ce qu'un Québec souverain pourrait faire de différent[26]?

L'indépendance du Québec a-t-elle vraiment quelque chose à voir avec les difficultés d'apprentissage des enfants? La souveraineté est ainsi souvent pensée dans les seules catégories correspondant aux compétences provinciales historiquement distribuées par le fédéralisme canadien. Lorsqu'ils s'intéressent aux compétences fédérales qui seraient rapatriées à la suite de l'indépendance, les souverainistes ont l'habitude de les envisager, encore une fois, à la seule lumière de l'utopisme, comme on le voit souvent avec la réflexion sur la politique étrangère d'un Québec souverain, qui parvient difficilement à aboutir à autre chose qu'une étrange mixture faite d'écologisme et de pacifisme. Les souverainistes veulent un pays mais peinent souvent à penser justement la signification de la souveraineté politique qu'ils entendent s'approprier avec l'indépendance. La pleine existence politique gagnée par l'indépendance semble moins valoir pour les souverainistes que le projet de société très particulier qu'elle serait supposée rendre possible.

Dans un autre texte, publié la même année, François Legault allait même jusqu'à reconnaître le nécessaire sacrifice des nationalistes conservateurs pour parachever la transformation progressiste du souverainisme.

Certains militants du Parti québécois pourraient s'opposer à ce qu'on clarifie les choix de société qui seront faits au lendemain de la souveraineté du Québec, de crainte que ces choix n'éloignent du parti des souverainistes plus conservateurs. Je crois qu'il faut

---

26. François Legault, «Cap sur la souveraineté et la gauche efficace», *Le Devoir*, 6 mai 2003.

faire le pari qu'en définissant dès maintenant un projet de société social-démocrate, nous pourrons rallier plus de militants, plus de nouveaux arrivants, plus de jeunes et peut-être même une partie de cette gauche « altermondialiste » qui songe à fonder un nouveau parti. Car être souverainiste, c'est justement affirmer le pouvoir qu'ont les peuples à définir les formes concrètes de solidarité. Et le budget d'un Québec souverain sera la meilleure illustration des valeurs sociales qui nous sont chères[27].

La technocratisation du souverainisme pouvait-elle aboutir à autre chose qu'à son identification au progressisme ? Encore une fois, on voit que c'est moins un pays que souhaitaient fonder les souverainistes qu'une société. La souveraineté devait accoucher d'un pays écologique, solidaire, féministe, social-démocrate, et ainsi de suite. Ces valeurs devaient avoir un caractère fondateur pour le nouvel État et devaient même s'inscrire dans sa constitution, comme si la gauche souverainiste voulait confisquer les institutions du nouvel État et les mettre au service exclusif de sa vision de la société. On ne sera pas surpris de voir que ceux qui ne s'en réclament pas ont fini par se détourner de la cause nationale, au point même, quelquefois, d'exprimer à son endroit une authentique exaspération. Le souverainisme ne serait-il finalement que la poursuite du progressisme par d'autres moyens ?

Ce n'est qu'en ayant à l'esprit cette genèse du souverainisme qu'il nous est possible de comprendre la culture politique qui lui est aujourd'hui associée, une culture politique qui engendre un malaise indéniable dans une portion croissante de la société québécoise qui commence justement à déchanter du modèle québécois, à tout le moins de sa dégénérescence technocratique. Le souverainisme québécois n'est pas seulement « social-démocrate » au sens classique du terme. Il n'est pas seulement à gauche économi-

---

27. François Legault, « Services publics en péril », *Le Devoir*, 30 septembre 2003.

quement (d'ailleurs, sur ce point, il a fait la preuve qu'il était capable d'un indéniable pragmatisme). Il est également à gauche socialement et culturellement, ce qui explique son ralliement au multiculturalisme de 1995 à 2007. Et l'émergence de plus en plus massive des enjeux culturels, sociaux et identitaires liés à la mutation thérapeutique de l'État social vient confirmer ce diagnostic. Par exemple, la chose est visible dans l'attachement du Parti québécois à la réforme scolaire et, plus généralement, à une forme d'égalitarisme radical soutenue par l'expertocratie pédagogique du ministère de l'Éducation. Malgré les critiques les mieux fondées contre la réforme scolaire et toute la philosophie pédagogique qui lui est associée, le Parti québécois n'est jamais vraiment parvenu à aller plus loin qu'une remise en question de son application, jamais de ses principes fondateurs. Adhésion philosophique? Certes. Mais il ne faut pas oublier que le PQ trouve aussi une bonne partie de sa base organisationnelle et de son savoir-faire technocratique dans les nombreux appareils bureaucratiques qui composent le modèle québécois.

Le souverainisme officiel n'envisage pas d'avenir pour le Québec en dehors d'un modèle québécois en pleine mutation thérapeutique. On peut aussi le remarquer avec son soutien constant à la discrimination positive et aux programmes d'« accès à l'égalité », le souverainisme officiel reconnaissant la validité théorique et technocratique de la sociologie victimaire et de l'idéologie « antidiscriminatoire » dont celle-ci est l'expression. Il ne viendrait jamais à l'esprit des leaders du souverainisme officiel de contester les nombreux discours portant sur la « discrimination systémique » dont seraient « victimes » certains « groupes minoritaires ». Il viendrait encore moins à l'idée des leaders du souverainisme officiel de remettre en question la bureaucratie de la diversité de la Commission des droits de la personne et des droits de la jeunesse et les nombreux lobbies identitaires qui gravitent autour d'elle. On n'imagine pas non plus les souverainistes tourner le dos au discours thérapeutique sur la « réhabilitation » qui prend le contre-pied, sur les questions de justice, des préoccupations plus classiquement exprimées pour la « loi et l'ordre ». En somme, depuis quarante ans, les intérêts corporatistes du Québec progressiste ont naturellement trouvé dans le Parti québécois leur vecteur politique privilégié. On comprend aussi que le souverainisme ne soit jamais parvenu à élargir ses frontières pour embrasser tout le camp du Québec d'abord, qui lui était pourtant naturellement destiné. Est-ce seulement par fédéralisme obstiné que bien des Québécois ont refusé la souveraineté? N'ont-ils pas plutôt refusé le *souverainisme* tel qu'il concevait et présentait un Québec souverain?

On ne s'en surprendra pas, le souverainisme officiel accouche d'un souverainisme hygiénique que la seule accusation de « dérive droitière » ou de radicalisation suffit à neutraliser, tant la « droite » est une référence diabolisée chez ceux qui se réclament de lui. Le problème étant évidemment que la défense de l'identité nationale s'inscrit aujourd'hui, à la grandeur des sociétés occidentales, dans une perspective qui a davantage à voir avec le conservatisme que le progressisme. Le souverainisme officiel ne semble plus capable d'interpeller le patriotisme ordinaire des Québécois, ce sentiment d'appartenance « naturel » ou spontané au Québec qui vient tout simplement de leur participation à une expérience historique partagée dont ils sont de nombreuses manières les héritiers, sans pour autant idéologiser cette appartenance. Malgré le virage identitaire de 2007-2008, qui relevait surtout d'une stratégie de survie dans le cadre de la crise des accommodements raisonnables, le souverainisme officiel ne semble plus capable d'exprimer le sentiment national des Québécois. Le souverainisme officiel a intériorisé en bonne partie les prescriptions de la rectitude politique et s'interdit plus ou moins consciemment de s'aventurer sur les questions piégées par le système médiatique. Et même lorsque le souverainisme officiel a cherché à revenir à un « discours identitaire » axé sur la majorité francophone, ses supporteurs parvenaient au mieux à ressaisir partiellement l'identité québécoise telle qu'elle a été reformatée dans la matrice de la Révolution tranquille, à travers une synthèse de nationalisme linguistique et de laïcité plus ou moins militante. L'appel sans cesse relancé au « pays » est le dernier résidu nationaliste du souverainisme officiel, l'enveloppe qui reste quand la substance n'est plus là. Le paradoxe est de taille : ceux qui se sont longtemps présentés comme les défenseurs privilégiés de la nation ne parviennent plus vraiment à politiser ce qu'il y a de plus fondamental dans son expérience historique.

L'actualité des dernières années le confirme. On l'a vu au moment de la controverse entourant la publication en décembre 2009 du rapport Quérin, lequel dévoilait l'orientation multiculturaliste du cours Éthique et culture religieuse — un cours qui, de l'aveu même de ses concepteurs, se présente comme une thérapie pluraliste administrée à la société québécoise. Après que Pierre Curzi, à l'époque responsable du dossier, en eut conséquemment appelé à l'abolition du cours ECR, une proposition qui aurait dû aller de soi dans un parti vraiment nationaliste, Pauline Marois l'a poliment rappelé à l'ordre, d'autant plus que les concepteurs du programme, associés plus ou moins étroitement au Parti québécois, multiplièrent les démarches pour amener la direction du PQ à condamner un député qui n'avait pas encore une connaissance intime des usages et des interdits du souverainisme officiel. L'événement était révélateur de la pesanteur de certaines alliances au sein du souverainisme officiel, et surtout de la puissance d'un dispositif inhibiteur l'empêchant de sortir des paramètres du progressisme sans avoir immédiatement l'impression de transgresser son propre catéchisme. La souveraineté sert pratiquement d'alibi à ceux qui n'ont plus rien d'authentiquement nationaliste à proposer à l'électorat, mais qui tiennent néanmoins à battre pavillon québécois.

Les conséquences de cette dérive, on les a vues de manière particulièrement radicale à Ottawa où le Bloc québécois a cessé, bien avant que les Québécois ne le congédient, de défendre l'autonomie constitutionnelle du Québec pour se convertir à la promotion des « valeurs québécoises », ce qui l'a amené, en décembre 2008, à soutenir le projet de coalition qui aurait entraîné une centralisation politique à Ottawa dans une dynamique de crise économique. Mais il fallait coûte que coûte bloquer le Parti conservateur de Stephen Harper, même s'il se montrait généralement plus favorable que les partis de la coalition envers l'autonomie des provinces et la réduction de l'État fédéral. Mais l'exemple le plus caricatural de ce préjugé progressiste électoralement contre-productif du leadership souverainiste nous est donné par la complaisance affichée pour Québec solidaire, ce qui a permis d'ailleurs à ce parti, sous le leadership parlementaire d'Amir Khadir, d'occuper la fonction tribunicienne dans un Québec où on reconnaît de plus en plus clairement la disposition populiste d'une frange considérable de l'électorat. En continuant à chercher les bonnes grâces de Québec solidaire plutôt que celles d'un électorat conservateur passé du PQ à l'ADQ puis à l'abstention, les souverainistes ont rappelé qu'ils préfèrent désormais perdre cent votes à droite plutôt qu'un vote à gauche. Ils auraient pourtant dû se rappeler que Québec solidaire est un phénomène groupusculaire qui n'existerait pas sans l'amplificateur radio-canadien, alors que la mouvance conservatrice est un courant populaire significatif susceptible d'entraîner une dynamique de réalignement politique dans la société québécoise. Mais une bonne partie de l'élite souverainiste fréquente des milieux où Québec solidaire est considéré comme une référence politique sérieuse ou, du moins, comme un interlocuteur légitime dans le débat public. Dans ces mêmes milieux, on hésitait peu à assimiler l'ADQ sous Mario Dumont à une mouvance semblable à la droite populiste à l'européenne.

La question identitaire, un révélateur des limites du progressisme

On devine aisément la conclusion de cette analyse dans le contexte actuel : dans la mesure où le souverainisme est devenu indissociable de l'imaginaire progressiste associé à l'héritage de la Révolution tranquille, il risque de subir les contrecoups de la remise en question de ce dernier, ou tout simplement de sa dislocation sous la pression d'une nouvelle époque. La crise du modèle québécois ou, plus largement, de l'héritage de la Révolution tranquille, révèle à la fois ses excès technocratiques et ses carences culturelles et identitaires. Au moment où l'univers de sens de la Révolution tranquille s'assèche, c'est l'idéal souverainiste qui en est la victime collatérale — on pourrait dire aussi la victime principale, d'autant qu'il a progressivement renié ses origines prérévolutionnaires. Le souverainisme québécois semble prisonnier de la conjoncture historique qui l'a engendré et du modèle de société auquel il s'est accroché. En ce sens, la crise du souverainisme est l'expression politique la plus radicale d'un certain « malaise dans la modernité » québécoise, d'une crise des institutions héritées de la Révolution tranquille et de la conscience historique dont elles étaient investies. Et au moment où les Québécois exercent plus que jamais leur droit d'inventaire par rapport à l'héritage de la Révolution tranquille, le projet souverainiste semble congédié par plusieurs à la manière du dernier rêve de la génération boomer, dont on questionne la pertinence, comme si le Québec en tant que société était parvenu à s'émanciper sans que le Québec comme nation ait eu à s'affranchir politiquement.

C'est parce qu'ils en ont conscience qu'un certain nombre de nationalistes québécois ont cherché à réhabiliter, pendant un temps, l'hypothèse d'une coalition nationaliste qui trouverait son lieu de rassemblement dans les deux grands partis du souverainisme officiel. Ce projet ne visait pas à ouvrir le souverainisme sur sa gauche, évidemment, mais sur sa « droite », là où s'exprimait une dynamique politique qui risquait d'entraîner un bouleversement en profondeur de l'espace politique québécois — là où on devinait spontanément que le souverainisme ne parvenait pas à percer pour des raisons qui n'étaient pas intrinsèques à l'idée d'indépendance et qui ne relevaient pas non plus, contrairement à une légende entretenue, de « l'ambivalence identitaire des Québécois ». La chose n'était pas absolument impossible, bien qu'elle ait été difficilement pensable dans les paramètres idéologiques du souverainisme officiel. Car il faut le dire, à certains moments, le souverainisme est parvenu à s'élargir vers une authentique coalition. Mais cette alliance impliquait toujours, on l'a souvent dit, une « dépéquistisation » de la lutte pour la souveraineté — Lévesque lui-même, rappelons-le, était davantage le fondateur du Parti québécois qu'un péquiste au sens où ce terme est entendu dans la culture politique québécoise, dans la mesure où il n'est jamais vraiment parvenu à aimer son parti. Car le mouvement social porteur de l'indépendance comme projet politique n'est pas neutre socialement, ni économiquement, ni même culturellement.

Chose certaine, l'émergence de plus en plus explicite du clivage gauche-droite rouvre une question que l'on croyait définitivement réglée : celle du conservatisme québécois. Plus globalement, et en gommant bien des nuances, on pourrait parler des bleus. Une bonne partie de l'électorat conservateur — ou plus à droite, même s'il ne faut pas nécessairement confondre ces deux notions — qui s'était de bonne grâce ralliée au camp souverainiste par nationalisme historique et qui y demeurait fidèle tant qu'elle y voyait la seule expression possible de son patriotisme, commence aujourd'hui à remettre en question son appartenance à ce camp, d'autant plus que les souverainistes l'ont à plusieurs reprises ouvertement boudée. Pour plusieurs figures dominantes du souverainisme officiel, le courtiser relèverait d'un populisme incompatible avec la démocratie pluraliste. Il y aurait même là un flirt avec l'inacceptable, la chose n'étant pas sans surprendre quand on sait qu'une bonne partie de cet électorat conservateur était historiquement affiliée au camp national. Et lorsque la raison électorale amène le souverainisme officiel à chercher certaines formules rhétoriques pour ramener chez lui ceux qu'on présente de plus en plus comme des *nationalistes conservateurs,* il entretient alors avec eux un rapport qui varie entre l'instrumentalisation et le mépris.

On l'a vu notamment lorsque les leaders souverainistes ont

mis de l'avant la question de la laïcité, qu'ils ne semblent pas capables d'accorder avec l'héritage catholique du Québec, sinon de manière artificielle et bien incommodante. Il n'est pas rare de les entendre confier à micro fermé leur malheur d'avoir à reconnaître certains symboles associés à l'héritage catholique du Québec auxquels ils n'accordent une considération minimale que pour éviter d'avoir à subir le désaveu d'une population manifestement attachée aux symboles chrétiens dans la définition de son identité, d'autant que ces symboles en sont venus à représenter la dimension plus traditionnelle d'une culture nationale irréductible aux seuls paramètres de la Révolution tranquille. Pourtant, la question de l'héritage catholique a son importance politique dans la mesure où, à travers elle, se joue la réhabilitation de la matière identitaire du Québec d'avant 1960, rendue nécessaire aujourd'hui pour caractériser l'identité occidentale du Québec, que l'on ne saurait réduire aux seuls paramètres de la laïcité, même si cette dernière constitue bien évidemment une partie fondamentale de l'héritage de la Révolution tranquille. Mais le souverainisme officiel peine, de ce point de vue, à réconcilier les deux sources dominantes de l'identité historico-culturelle du Québec.

Sur le plan identitaire, le « nationalisme conservateur » cherche à exprimer une réalité de plus en plus évidente : l'identité québécoise n'est plus exclusivement menacée par le cadre canadien, elle l'est aussi par le système idéologique auquel adhère la majeure partie de l'élite québécoise et qui s'est retourné principalement contre la majorité historique québécoise. Le nationalisme conservateur prend forme ainsi, non pas seulement contre le *multiculturalisme canadien,* qui diffère bien peu pratiquement de l'*interculturalisme québécois,* mais aussi contre la mutation postnationale du Québec officiel, auquel le souverainisme officiel participe. Poser la question identitaire dans les termes exclusifs de la relation Canada-Québec est devenu anachronique. Plus globalement, cet électorat ne rejette pas le Québec en se désaffiliant peu à peu du camp souverainiste mais il s'insurge contre ce que les souverainistes veulent faire du Québec — et il ne faut pas d'abord penser ici à la souveraineté. Cet électorat ne renie pas son appartenance au Québec, il ne se reconnaît simplement pas dans la version très idéologisée de l'identité québécoise que formule le souverainisme officiel, dans sa synthèse d'écologisme, de multiculturalisme et de social-démocratie — une vision de l'identité québécoise qui est souvent délestée, faut-il le dire, de tout substrat occidental et qui n'a plus qu'un vague rapport avec le sentiment national ordinaire que ressentent naturellement une majorité de citoyens, qui s'identifient au Québec comme à leur patrie naturelle sans avoir le besoin de s'identifier à tout ce que la gauche officielle cherche à investir de force dans l'identité québécoise. Le souverainisme n'est jamais parvenu à faire le plein des voix dans le grand parti du Québec d'abord. Il n'est jamais parvenu à s'étendre dans toute la famille du nationalisme québécois.

*   *   *

Somme toute, nous assistons en ce moment à la décomposition/recomposition radicale de l'espace politique hérité de la Révolution tranquille et à l'épuisement historique de la formation politique à partir duquel il se structurait, le Parti québécois. Ce qui restera du Parti québécois ? Personne ne le sait vraiment mais on devine le triste spectacle que peut offrir un parti agonisant qui, encore hier, était en quelque sorte le dépositaire de l'aspiration à une authentique grandeur québécoise. L'effondrement du PQ, sa disparition même, est désormais une hypothèse à prendre au sérieux. Cet effondrement s'éclaire très bien si on considère le précédent parti nationaliste, l'Union nationale. Car autant l'Union nationale a fait œuvre utile en travaillant à recentrer explicitement le nationalisme francophone dans l'espace politique québécois, autant le Parti québécois a fait œuvre utile, malgré ses échecs, en posant clairement la question de la légitimité fondamentalement carencée de l'ordre politique canadien du point de vue des intérêts québécois. Mais les deux appartenaient essentiellement à un cycle historique qu'ils ont profondément défini mais auquel ils n'ont pas survécu. On voit donc la question du souverainisme se solder par un étrange fiasco : les tendances politiques qui s'étaient coalisées sous le signe du souverainisme sont engagées dans un processus de dislocation dont on ne voit pas la fin, étant donné que la déréalisation du projet souverainiste et le perpétuel mais inévitable report du grand soir favorise une exacerbation des conflits idéologiques entre elles. Sur sa droite, le PQ est menacé par la Coalition Avenir Québec de François Legault, qui cherche à occuper le créneau d'un nationalisme pragmatique centriste (ou de centre-droit), bien qu'il manque à la CAQ le vieux fond bleu que l'ADQ savait très bien exprimer en 2006-2007 et que son chef incarnait spontanément. Mais le déplacement du nationalisme du PQ vers une nouvelle coalition de centre-droit n'ira pas sans un éclatement plus large de ce qui était la coalition souverainiste. Cela ne veut pas dire que l'indépendantisme organisé disparaîtra, mais il risque d'être déporté à la périphérie du système politique québécois. Sur sa gauche, le PQ est menacé par Québec solidaire qui, sous la direction d'Amir Khadir, a connu une mutation stratégique significative en devenant un parti populiste à gauche de la gauche qui trouve dans l'actualisation d'un nationalisme décolonisateur assez radical et dans un indépendantisme réinvesti d'une ferveur contestataire et anticapitaliste les conditions nécessaires à sa croissance électorale, avec recours à une stratégie de détournement de la gauche indépendantiste et de la frange populiste du courant national. Le néonationalisme décolonisateur de Québec solidaire pourrait attirer vers lui une partie de la gauche nationale que l'on retrouve dans les franges les plus militantes du syndicalisme. L'indépendantisme militant pourrait y trouver refuge à moins de se retrouver dans une nouvelle formation souverainiste plus radicale qui, peut-être à la manière de l'Option nationale de Jean-Martin Aussant, chercherait à remettre à neuf le rêve de l'indépendance dans une synthèse programmatique faisant passer le purisme idéologique avant la

stratégie politique. L'indépendance peut-elle survivre au souverainisme ? Si l'indépendance comme *idée* survivra nécessairement et
demeurera active comme une tentation présente dans la conscience
collective, elle pourra difficilement redevenir à courte échéance un
projet politique porté par une coalition sociale et politique susceptible d'appliquer son programme à court ou moyen terme. Comment l'indépendance pourrait-elle redevenir un projet politique ?
Peut-elle s'affranchir de la dynamique idéologique qui l'a fait
croître tout en posant des limites trop étroites à sa croissance ? Un
mouvement souverainiste organisé peut-il survivre et demeurer
un recours politique sérieux dans un Québec qui s'affranchit de
plus en plus décisivement de la question nationale telle qu'on l'a
connue ? Comment pourra-t-il « reconnecter » avec le patriotisme
ordinaire des Québécois qui est irréductible à sa mise en forme
technocratique dans les catégories dominantes du modèle québécois ? Les questions sont nombreuses.

De ce point de vue, la refondation du nationalisme constitue
probablement la tâche la plus importante pour ceux qui entendent
poursuivre une politique centrée sur les principes fondamentaux
de la question nationale. Et de la même manière qu'il fut nécessaire, au moment de la Révolution tranquille, de désinvestir le
nationalisme d'un traditionalisme désuet qui l'entravait, il est probablement nécessaire aujourd'hui de le dissocier du progressisme
thérapeutique qui l'a détourné et dénaturé.

3

Petite histoire d'une grande dérive : bilan du Bloc québécois

> *Les hommes font l'histoire, mais ils ne savent pas l'histoire qu'ils font.*
>
> RAYMOND ARON

La réflexion sur l'échec historique du souverainisme serait évidemment incomplète si elle n'abordait directement l'effondrement du Bloc québécois aux élections du 2 mai 2011. Cette débandade a l'allure d'un événement historique appelé à multiplier ses effets politiques pendant un long moment dans la société québécoise. L'hécatombe subie par la députation bloquiste a surpris beaucoup de Québécois, même ceux qui l'avaient privée de leur appui pour marquer leur exaspération envers un certain blocage politique dont son parti était devenu l'incarnation. À moins de se réfugier dans les explications convenues, qui ont rapport seulement à la personnalité des chefs, ou à celles qui transforment la vague NPD en création *ex nihilo* du système médiatique, il faut convenir que la débâcle n'a été si violente que parce les fondements sur lesquels reposaient le Bloc avait été fragilisés considérablement au cours des dernières années, de la dernière décennie. Le remplacement du Bloc par le NPD était difficile à prévoir, évidemment. Mais il est compréhensible, il s'explique, pour peu qu'on élargisse la réflexion et qu'on la déprenne des seuls paramètres de la campagne du prin-

temps 2011. En un mot, nous ne sommes pas devant un phénomène inexplicable.

L'autocritique est difficile en politique. Elle sera pourtant
nécessaire au Bloc en particulier, et dans le mouvement souverainiste en général, pour voir en quoi l'effondrement sur la scène fédérale du premier confirme un certain appauvrissement de l'imagi-
nation stratégique du second. Car si, comme plusieurs l'ont écrit,
la quasi-disparition du Bloc signifie la fin du cycle historique de
Meech (et plus globalement, celui du rapatriement de la constitution et certainement celui de la structuration de la politique fédérale autour de la question québécoise), il faut voir comment une
dérive stratégique de longue durée a amené le Bloc à contribuer à
accélérer cette fin de cycle par une série d'orientations idéologiques
et politiques douteuses qui l'éloignaient des principes fondamentaux du nationalisme québécois et, plus encore, de la question
nationale comme cadre fondateur de l'espace politique québécois.

Pour comprendre cette dérive, on peut se tourner vers le Bloc
lui-même. Car le Bloc a beaucoup réfléchi à son rôle dans la politique québécoise et dans la poursuite du combat souverainiste. En
fait, à défaut d'avoir mené une stratégie contraignant le Canada à
faire des concessions constitutionnelles significatives au Québec,
et surtout, dans un contexte où l'indépendance s'éloignait à l'horizon historique, le Bloc québécois s'est attaché à nous rappeler
constamment les raisons de sa présence sur la scène fédérale. La
commémoration de ses vingt ans a d'ailleurs permis la tenue d'un
colloque et la publication d'une série d'ouvrages visant à souligner
son rôle indispensable à Ottawa. On peut penser à un livre d'en-
tretiens menés par le journaliste Gilles Toupin avec Gilles Duceppe
qui récapitule à travers la perspective du chef bloquiste la question
nationale envisagée du point de vue du souverainisme fédéral. On
pensera aussi à un ouvrage de Pierre Paquette, ex-député de
Joliette, *Pour la prospérité et la justice sociale : la souveraineté du
Québec,* un recueil de discours confirmant bien l'empreinte du
mouvement syndical sur la direction bloquiste. On peut aussi évo-

quer *D'ailleurs et résolument d'ici,* un ouvrage collectif sous la direction de la vice-présidente du Bloc Vivian Barbot, qui rassemblait les textes de plusieurs militants « d'origines diverses » qui sont ou ont été associés au Bloc québécois.

Mais c'est un dernier ouvrage, un peu plus analytique que les autres, rédigé par Marie-France Charbonneau, en collaboration avec Guy Lachapelle, qui se révèle le plus utile pour dresser le bilan de l'action du Bloc à Ottawa — cet ouvrage se présentant explicitement d'ailleurs comme un bilan de l'action du Bloc et de son influence sur les scènes québécoise et canadienne[1]. La première était conseillère pour Gilles Duceppe depuis 1992 ; le second est professeur en science politique à l'Université Concordia et a exercé de nombreuses responsabilités dans les organisations du souverainisme officiel. Il ne s'agit pas ici de recenser cet ouvrage, mais de réfléchir à partir de lui à l'évolution du Bloc depuis une quinzaine d'années.

Qu'il nous soit néanmoins permis d'en évoquer rapidement le contenu. Le cœur du livre, rédigé par Marie-France Charbonneau, est précédé d'une introduction de Guy Lachapelle qui n'est pas sans intérêt dans la mesure où elle retrace les hésitations à transposer leur lutte sur la scène fédérale qu'ont eues les souverainistes depuis la fin des années 1960. L'ouvrage prend ensuite la forme d'une étude de l'influence sur les politiques publiques du Bloc québécois à Ottawa dans des domaines forts variés. Le verdict de Charbonneau est chaque fois le même : positif, tout positif, le Bloc a servi le Québec. Et retenons dès maintenant la conclusion à laquelle auraient souhaité nous voir adhérer les auteurs : ce livre devrait nous convaincre de voter pour le Bloc, demain et après demain, pour mieux défendre les intérêts du Québec. Le relire dans les circonstances actuelles ne manque pas d'intérêt.

---

1. *Le Bloc québécois : 20 ans au service du Québec,* Montréal, Richard Vézina éditeur, 2010. Les pages notées entre parenthèses et situées dans le texte sont tirées de l'ouvrage. Les autres références sont en bas de page.

Le style du chef

C'est un élément central pour comprendre l'histoire du Bloc et de
ses transformations : la personnalité de son chef démissionnaire,
son parcours biographique tout autant que ses idées. Personnalité
charismatique et visionnaire selon les uns, autoritaire et doctrinaire selon les autres, Gilles Duceppe est indéniablement une des
figures politiques les plus importantes du Québec contemporain.
D'autant plus, il faut en convenir, qu'ils sont plusieurs, à Ottawa
comme à Québec, à avoir longtemps imaginé Gilles Duceppe en
sauveur du mouvement souverainiste, appelé tôt ou tard à prendre
la direction du Parti québécois.

Les auteurs font un portrait plus qu'avantageux de celui qui
était jusqu'à tout récemment chef du Bloc, qui semble selon eux
taillé dans le marbre des grandes figures historiques. C'est ainsi que
Guy Lachapelle, après avoir reconnu les premières difficultés de
Gilles Duceppe à jouer de manière convaincante son rôle de chef,
tient à nous rassurer : « Grâce à une présence constante au Québec,
à une équipe de députés aguerris, à une maîtrise exceptionnelle des
dossiers et surtout à la constance de son chef, le Bloc québécois a
su […] gagner la confiance de l'électorat québécois » (p. 31). Le
propos est laudateur et visait surtout à confirmer la légende entretenue par les admirateurs de Duceppe : un chef parti de loin qui
aurait prouvé sa valeur, légende confirmée par sa longévité sur la
scène fédérale. Au fil du temps, Gilles Duceppe aurait établi une
relation privilégiée avec le Québec.

Mais si Lachapelle chante les louanges de Gilles Duceppe, sa
contribution à ce chapitre est mineure lorsqu'on la compare à celle
de Marie-France Charbonneau. Ainsi, à la lire, on apprend que « le
leadership de Gilles Duceppe inspire le respect. Il se caractérise par
une rigueur et un sérieux qu'il applique dans l'étude des dossiers »
(p. 80). À l'occasion, Charbonneau verse même dans le style hagio-
graphique :

La motivation qui pousse Gilles Duceppe à œuvrer en faveur de la souveraineté, combinée au contexte de la défaite référendaire et à l'importance de dossiers dont il pressent l'effet sur le Québec, aiguise davantage certaines de ses caractéristiques personnelles, comme sa persévérance et sa ténacité, ainsi que son désir d'accomplissement essentiellement basé sur le bénéfice d'autrui. L'énergie, la vigueur, le sérieux et la patience dont il fait montre agissent à titre de guide. Son style de leadership devient en soi un exemple à suivre et les militants y trouvent une motivation supplémentaire. Là où Lucien Bouchard a convaincu par ses effets de style et ses interventions passionnées, Gilles Duceppe convainc par le sérieux, l'opiniâtreté et la profondeur. [p. 80]

Cet homme exemplaire ne se serait par ailleurs rendu coupable d'aucun sectarisme dans la définition de ce qu'il croit être les intérêts du Québec : « Bien que Gilles Duceppe soit de la mouvance des groupes considérés de gauche, comme la CSN d'où il provient, il a une approche pragmatique des enjeux. Le seul prisme acceptable pour analyser une prise de position est celui des intérêts du Québec » (p. 83).

Ceux qui fréquentent le mouvement souverainiste savent qu'il n'était pas rare jusqu'à l'élection fédérale de 2011 d'entendre les apparatchiks bloquistes tourner en ridicule le Parti québécois. Alors que le PQ serait ingouvernable et dévorerait ses chefs, selon la formule médiatiquement convenue, le Bloc aurait donné l'exemple d'une formation politique mature. Certains en tiraient la conclusion de la supériorité du Bloc sur un PQ qui consommerait ses chefs à grande vitesse avant de les exécuter sur la place publique. On peut évidemment retourner cette affirmation en soulignant que le PQ dispose d'une base militante relativement bien organisée, où se rassemblent plusieurs courants du mouvement souverainiste et de la société québécoise, ce qui rend nécessairement sa gouverne complexe, dans la mesure où d'authentiques rapports de forces s'y constituent. Au contraire, le Bloc fonctionnait surtout à partir d'un leadership centralisé, les professionnels de la politique y disposant d'un pouvoir d'autant plus grand que le parti était favorisé par le financement public des partis politiques fédéraux. Or, on le sait, les employés politiques sont à la merci de la direction du parti, bien davantage que les militants qui s'y investissent pour une cause et qui prétendent avoir leur mot à dire sur ses grandes orientations. Cela ne veut pas dire que le Bloc fonctionnait en vase clos mais qu'il travaillait en relation avec des lobbies qui y trouvaient un relais davantage qu'à partir d'une base militante qui réclamerait un droit de regard sur les grands engagements du parti. La conclusion tourne alors autrement : c'est plutôt parce qu'il n'était pas investi d'une base militante liée au mouvement nationaliste et qu'il disposait d'un financement public abondant consacrant l'importance des apparatchiks salariés dans l'organisation et la gestion du parti (et exclusivement redevables à la direction) que le Bloc a pu développer une culture politique aussi centrée sur la personnalité de son chef.

Quoi qu'il en soit, le portrait de Gilles Duceppe que nous proposent Charbonneau et Lachapelle se voulait convaincant et définitif. On devine qu'il devait susciter l'admiration. Mais on bémolisera notre enthousiasme en se rappelant qu'un autre récit a longtemps circulé sur le style de leadership de Gilles Duceppe, celui d'un homme qui a moins d'autorité qu'il n'est autoritaire, celui d'un doctrinaire porté sur les purges qui n'a pas hésité à vider son parti des tendances souverainistes qui ne campaient pas aussi loin à gauche que lui. Il suffit tout simplement de parler à plusieurs anciens députés du Bloc pour avoir un autre son de cloche sur le leadership exemplaire de Gilles Duceppe. Il ne s'agit pas ici d'exécuter celui qui a dignement quitté ses fonctions après la défaite du 2 mai, non plus que d'arbitrer entre ces deux versions de la même histoire, mais de rappeler qu'un certain unanimisme officiel entourant la légende du chef bloquiste a peut-être empêché un exercice de lucidité sur de réels problèmes associés à son leadership.

À tout le moins, il n'aurait pas été inutile de rappeler l'existence de cette autre perspective sur Gilles Duceppe dans l'ouvrage.

Les origines conservatrices du Bloc québécois

Ces premières remarques campent l'acteur principal de l'histoire du Bloc, Gilles Duceppe. D'ailleurs, l'histoire du Bloc tel que nous l'avons connu commence bien davantage avec lui qu'avec Lucien Bouchard — on peut même se demander si le fondateur du Bloc aurait été capable d'y évoluer librement, sans s'en faire exclure, sous la direction de son successeur (si on met de côté la parenthèse Michel Gauthier). Pourtant, on ne peut compter sur l'ouvrage de Charbonneau et Lachapelle pour expliciter la signification de cette rupture. Le problème est majeur : Charbonneau et Lachapelle masquent l'histoire du Bloc derrière un récit des origines neutralisant complètement les tensions idéologiques et politiques qui ont fait ce parti. Par exemple, on évoque le remplacement de Michel Gauthier par Gilles Duceppe sans mentionner d'aucune manière que le premier fut en quelque sorte victime d'un quasi-putsch du second, qui sera accueilli très négativement par certains députés associés à l'aile droite du Parti. Plus fondamentalement, nos deux auteurs auraient dû montrer au moins minimalement comment, dans la définition de ses orientations les plus fondamentales, le Bloc a connu une authentique métamorphose depuis l'arrivée à sa direction de Gilles Duceppe, ce qu'a pourtant noté ailleurs Chantal Hébert en montrant comment le Bloc avait alors doublé son engagement souverainiste d'un militantisme progressiste finalement devenu sa raison d'être[2]. L'histoire du Bloc est intéressante à plus d'un égard, d'autant plus qu'elle n'est pas sans paradoxe. Car si ce parti s'est d'abord

---

2. Chantal Hébert, « Harper's Agenda Stokes Duceppe's Fire », *The Toronto Star*, 13 août 2010.

constitué sur le flanc droit du nationalisme québécois, en intégrant les éléments les plus conservateurs qui s'étaient ralliés au Parti conservateur fédéral aux élections de 1984 et de 1988, il fut ensuite investi par une mouvance venue de la gauche la plus radicale, qui s'est normalisée dans les rangs de la CSN et qui est parvenue à constituer son influence dans le mouvement souverainiste en le déprenant des paramètres historiques du nationalisme québécois. En d'autres termes, si le Bloc a d'abord pris forme dans les suites de Meech à la manière d'un grand rassemblement national qui faisait une place véritable à la droite conservatrice (avec son fondateur lui-même de sensibilité conservatrice), il a lentement dérivé vers la gauche pour en devenir son expression la plus militante sur la scène fédérale. On peut parler d'un renversement de sa perspective fondatrice. Plus encore, sous la direction de Gilles Duceppe, le Bloc s'est non seulement déplacé sur sa gauche, mais il a expulsé par vagues successives les éléments plus conservateurs de ses rangs. Hélène Alarie disait, dans son rapport confidentiel à la direction du Bloc, *Ni mystère, ni énigme. Surtout pas « mou » ni « tranquille ». Ou comment le modèle montréalais ne passe pas à Québec,* remis au lendemain des élections fédérales de 2006 : « Posons-nous franchement la question. Quelle chance aurait eu un nouveau candidat hypothétique de faire carrière au Bloc, à supposer qu'il en eût envie, s'il prônait — disons pour simplifier — de vieilles valeurs morales[3] ? » On devine la réponse : aucune. Sur le plan électoral, le Bloc n'élargissait plus la coalition souverainiste comme il le faisait au moment de sa fondation : il favorisait son repli vers le seul électorat progressiste.

Cette dérive à gauche n'était pas sans causer des problèmes significatifs, comme le notait Normand Lester au moment de la commémoration des vingt ans de la présence du Bloc à Ottawa, en écrivant que « Gilles Duceppe doit accepter qu'une majorité de son

---

3. Hélène Alarie, *Ni mystère, ni énigme. Surtout pas « mou » ni « tranquille ». Ou comment le modèle montréalais ne passe pas à Québec,* 30 mai 2006, p. 11-12.

électorat se situe à sa droite. Il dirige un "rassemblement pour l'indépendance nationale". Pas un NPD-Québec. Difficile sans doute pour un ancien militant d'extrême gauche et un ancien organisateur de la CSN. Le BQ doit être autre chose que le sénat de la CSN. Il doit diversifier le recrutement de ses députés[4]. » Richard Martineau se demandait quant à lui si « le Bloc est [...] d'abord et avant tout un parti INDÉPENDANTISTE, ou une branche francophone du NPD dont la mission première est de défendre les valeurs de gauche à travers le Canada ». Si la comparaison entre le Bloc et le NPD revenait si souvent sous la plume des chroniqueurs et autres analystes de la politique québécoise, c'est qu'elle était exacte. On sait à quoi cette dérive aboutira.

Évidemment cette confiscation du souverainisme fédéral par son aile la plus progressiste porte à conséquence dans la formulation de la question nationale. On le sait, le Bloc a remanié considérablement l'argumentaire souverainiste : à travers le discours sur les « valeurs québécoises », il a investi l'identité nationale d'un ethos progressiste qui amenait les souverainistes à s'imaginer un Québec souverain à la manière d'un laboratoire des innovations sociales les plus « avancées », sur le plan moral comme sur le plan social et même sur le plan économique, ce que confirmait d'ailleurs récemment Pierre Paquette dans une contribution au renouvellement de la pensée souverainiste, en invitant cette dernière à se réapproprier l'idéal d'un certain planisme économique, l'indépendance devant permettre un approfondissement du modèle québécois[5]. Dans sa plus simple expression, le Bloc invitait

---

4. Normand Lester, « Gilles Duceppe et le Bloc, 20 ans déjà. Jouent-ils trop bien le jeu du fédéralisme ? », blogue de l'auteur sur qc.yahoo.com, 16 août 2010.

5. Pierre Paquette, « Une nouvelle donne pour la souveraineté du Québec », 12 mars 2009, en ligne : www.pierrepaquette.qc.ca/upload/File/texte_de_Pierre_sur_la_souverainete.pdf. Ce texte est repris dans Pierre Paquette, *Pour la prospérité et la justice sociale. La souveraineté du Québec,* Montréal, Richard Vézina éditeur, 2010, p. 127-147.

le Québec à quitter le Canada parce que le premier serait à gauche alors que le second serait à droite, parce que le premier serait progressiste alors que le second serait conservateur. La chose peut évidemment poser problème pour peu qu'on constate qu'une partie significative de l'électorat nationaliste a des préférences sociales et culturelles conservatrices et s'exaspère du détournement systématique du projet national par la gauche. Inversement, une portion considérable de l'électorat canadien se retrouve dans un discours progressiste qui pourrait devenir majoritaire s'il parvenait à trouver un véhicule politique approprié.

On vient tout juste de mentionner le rapport Alarie. Ce rapport est d'une importance vitale pour comprendre la mutation du Bloc — et surtout pour montrer comment la dérive à gauche est loin d'avoir été acceptée à l'unanimité par le mouvement souverainiste. Rédigé dans les mois qui ont suivi les élections fédérales de 2006, après la percée du Parti conservateur à Québec, et divulgué publiquement par Antoine Robitaille en pleine crise des accommodements raisonnables, le rapport Alarie montrait comment la « frénésie gauchiste[6] » du Bloc avait provoqué la fuite de sa base conservatrice dans plusieurs régions rurales et semi-urbaines. Hélène Alarie y soutenait que « ce qu'on pourrait appeler "le modèle montréalais" et qui s'avère de plus en plus un boulet pour le Bloc québécois dans [la région de Québec][7] » était à l'origine de la déroute du Bloc. Hélène Alarie posait ailleurs un constat encore plus radical : « Le Bloc, et c'est notre hypothèse, est en porte-à-faux avec le conservatisme (*c* minuscule) profond d'une grande partie de l'électorat de Québec-Chaudière-Appalaches, une population de vieille souche française, prudente, traditionnelle, francophone à 99 %, qui, sans être raciste ou réactionnaire, ne voit pas nécessairement comme un modèle à imiter le Montréal multiethnique, le

---

6. *Ibid.*, p. 13.

7. *Ibid.*, p. 12.

Montréal du village gai, le Montréal étonnamment anglais dans son centre-ville qu'ils découvrent à la télévision ou lors de visites dans la métropole[8]. » Alarie en tirait la réflexion suivante : « Beau sujet de réflexion : le fameux "consensus" réalisé par Lucien Bouchard aux côtés de Dumont et de Jacques Parizeau en 1995, l'avons-nous perdu depuis par une incapacité de s'entendre sur la souveraineté ou n'est-ce pas plutôt par une incompatibilité grandissante sur le plan social, ce même éloignement qui nous a chassé quasi-totalement de la carte électorale de cette région en janvier 2006[9]? »

Alarie avançait ainsi que les conservateurs de Québec ne se sont pas détournés du souverainisme par un basculement soudain vers le fédéralisme mais bien par un rejet du détournement progressiste de l'option souverainiste. C'est moins la souveraineté qui est rejetée que ce que les souverainistes veulent faire socialement et culturellement du Québec. Et « à moins de mettre la pédale douce sur des "causes" à la mode mais encore marginales touchant les problèmes probablement louables de certains groupes minoritaires, nous risquons de voir s'éloigner de nous ces populations rurales, semi-rurales ou simplement urbaines mais de pensée et de culture traditionnelle. Il faut "recentrer" ce parti, le ramener sur l'autoroute de la classe moyenne ciblée avec succès par le gouvernement Harper[10] ». L'alternative posée par Alarie était claire. Inutile de dire qu'on ne l'a pas écoutée. D'ailleurs, dans les jours qui ont suivi sa divulgation publique, Gilles Duceppe affirmait qu'il s'agissait d'un rapport « périmé[11] » parce qu'il avait suivi une de ses recommandations, soit l'ouverture d'une permanence du parti à Québec. Cela n'a pas empêché le directeur du *Devoir*, Bernard

---

8. *Ibid.*, p. 14.

9. *Ibid.*, p. 15.

10. *Ibid.*, p. 31.

11. Isabelle Rodrigue, « Le rapport Alarie : un rapport périmé, selon Duceppe », *Le Devoir*, 13 février 2007, p. A3.

Descôteaux, de reconnaître qu'il s'agissait d'un « rapport lucide » le faisant conclure que « le recentrage du programme et du discours bloquistes évoqué par Mme Alarie est devenu incontournable à la suite de la transformation de l'échiquier politique constatée à l'élection du 23 janvier 2006 et qui, depuis, s'est accentuée[12] ».

Le Bloc et la gauche multiculturelle

Quoi qu'il en soit, le Bloc en est venu à représenter l'expression la plus militante du progressisme québécois à Ottawa. Mais il faut bien savoir de quelle gauche on parle. On pourrait parler pour le Bloc d'une gauche postmoderne, postmarxiste en quelque sorte, principalement centrée sur les revendications liées à l'idéologie diversitaire, une gauche transposant les exigences de l'égalitarisme radical dans le domaine identitaire, culturel et social, tout en se ralliant aux grands paramètres de l'économie de marché dans une perspective que l'on dira « social-libérale », ouverte au libre-échange et à la mondialisation des marchés. Ce dernier point a permis à Gilles Duceppe d'affirmer que son parti est aujourd'hui « moins à gauche » qu'à l'origine, une formule qu'il a employée à quelques reprises depuis le début 2011, probablement pour contenir la « montée de la droite » annoncée par plusieurs commentateurs depuis l'automne 2010. Mais à moins de réduire le clivage gauche-droite à la seule dimension économique, il faut reconnaître que le Bloc s'est campé clairement à gauche et que les enjeux culturels et sociaux sont justement ceux qu'il a priorisés pour faire le procès du Canada anglais, apparemment étranger aux « valeurs québécoises ».

Évidemment, ce virage à gauche s'est principalement fixé sur l'entreprise de reconstruction multiculturelle du discours souve-

---

12. Bernard Descôteaux, « Un rapport lucide », *Le Devoir*, 13 février 2007.

rainiste menée par Gilles Duceppe à partir de 1999 dans le cadre des grands chantiers de réflexion appelés à moderniser l'idée de souveraineté[13]. Marie-France Charbonneau aborde cette question dans la section de son livre consacrée au « travail militant du Bloc » (p. 94-100). On le sait, à partir de 1999, au nom d'une approche fondée sur la « citoyenneté », le Bloc a entrepris une transformation radicale du souverainisme en le convertissant au multiculturalisme. Le postulat de cette entreprise était contenu dans le cahier de consultation du « Chantier de réflexion sur la citoyenneté et la démocratie » :

> Est Québécois ou Québécoise celui qui vit sur le territoire du Québec. Cette définition est inclusive. Elle associe l'identité québécoise au fait d'appartenir à une même communauté politique. Elle fait reposer cette identité sur la citoyenneté. Cependant, cette conception n'est pas complètement intériorisée par la population. Il subsiste encore une perception encore trop largement répandue selon laquelle être Québécois veut dire : « Québécois francophone de souche », ou encore « d'origine canadienne-française[14]. »

Les Québécois auraient changé d'identité mais ne le sauraient pas encore. Le Bloc québécois et ses compagnons de route chez les intellectuels souverainistes se donnaient pour mission de le leur

---

13. Il ne faut pas se méprendre : le Bloc de Duceppe n'adhérait pas à la version « canadienne » du multiculturalisme, qu'il critique régulièrement en plus d'en appeler à la suspension de son application au Québec. Mais il faut toutefois rappeler que le multiculturalisme n'est pas une exclusivité canadienne et que si le Bloc prend évidemment ses distances avec le trudeauisme, il n'en a pas moins élaboré sa propre doctrine et l'a rendue conforme aux exigences du pluralisme identitaire. Cette position recoupe le discours des théoriciens de l'interculturalisme à la québécoise, qui s'étaient rassemblés autour de la commission Bouchard-Taylor, et dont Gérard Bouchard est probablement le principal représentant chez les souverainistes.

14. « Chantier de réflexion sur la citoyenneté et la démocratie », Bloc québécois, avril 1999, p. 6.

apprendre. Il s'agissait donc de substituer à l'identité québécoise historiquement constituée une nouvelle identité prédéterminée idéologiquement, qu'il faudrait inculquer à la population par une pédagogie systématique du « vivre-ensemble » qui relève des formes nouvelles de la rééducation thérapeutique. Les valeurs communes du Québec seraient ainsi « le français, langue officielle et langue publique commune; la démocratie; les droits fondamentaux; la laïcité; le pluralisme; la solidarité collective; le respect du patrimoine; le respect des droits historiques de la communauté anglophone; le respect des droits des Autochtones ». Or, le Bloc affirmait que

> ce « socle » de valeurs et de principes est profondément enraciné dans l'histoire du Québec. Qu'on pense à la reconnaissance du français comme langue officielle du Québec et comme langue publique commune, résultat de plusieurs décennies de combat; à la démocratie, héritière des institutions parlementaires britanniques et des luttes pour obtenir un gouvernement responsable, mais en constante redéfinition; aux droits fondamentaux, qui s'appuient sur la tradition chrétienne pour affirmer la dignité absolue de la personne humaine; aux luttes en faveur de l'égalité et de la justice sociale, toujours à poursuivre; à l'existence d'une communauté anglophone qui, elle aussi, a puissamment contribué à façonner le Québec contemporain; à la Paix des braves, illustration s'il en est de la volonté concrète du Québec de reconnaître les droits de la nation crie; à la solidarité sociale, héritière des traditions d'entraide, etc.

La référence à l'histoire québécoise ne doit pas faire oublier ici son caractère purement instrumental. Ainsi, on assiste à une réécriture de l'histoire du Québec dans la matrice des valeurs communes qui neutralise celle la majorité française, dans la mesure où on ne reconnaît de son expérience historique que les valeurs qui peuvent être traduites dans le logiciel de l'universalisme progressiste. On

peut voir néanmoins dans cette forme de réappropriation pluraliste de l'histoire québécoise le parachèvement du multiculturalisme, parvenu à formuler sa propre vision de l'histoire, à créer
sa propre conscience historique, ce qui est évidemment censé
consacrer sa légitimité. Par ailleurs, on peut ajouter deux
remarques. La première : la démocratie libérale n'est évidemment
pas une valeur exclusivement québécoise, tout comme les droits
fondamentaux ou la laïcité. Ces valeurs sont partagées par toutes
les sociétés occidentales, bien qu'elles se les approprient évidemment différemment. La deuxième : ce qu'on comprend, c'est que
les valeurs québécoises seraient des valeurs progressistes universalistes, mais particularisées et contextualisées à partir de l'expérience historique québécoise — cette dernière devenant seulement
la trame locale du déploiement des valeurs universalistes portées
par le progressisme occidental. La rhétorique des valeurs communes, en fait, participe à une redéfinition procédurale des termes
de la participation à la communauté politique — on pourrait dire
qu'elle correspond à une forme de contractualisme des valeurs qui
a peu à voir avec la reconnaissance d'un nécessaire substrat historique et culturel dans l'institution de la communauté politique et
de la citoyenneté. On pourrait y voir une forme de cohésion sociale
appelée à réinvestir quelques raisons communes dans la société des
identités, sans cependant contester sa légitimité. En fait, la gauche
multiculturelle en appelle d'autant plus aux « valeurs communes »
qu'elle entend les substituer à une définition substantielle de
l'identité collective engendrée par l'expérience historique majoritaire.

Le Bloc a joué un rôle majeur dans la culture politique postréférendaire en désinvestissant le nationalisme québécois de sa
dimension historique et existentielle pour le convertir au langage
des « valeurs québécoises », terme codé qui renvoie aux valeurs de
la gauche postmoderne. Il suffit de rappeler, notamment, l'abandon de la thèse des deux peuples fondateurs par la direction du
Bloc, au nom d'une ouverture de la nation à la « diversité », la

conscience historique majoritaire surchargeant apparemment l'identité collective d'un substrat culturel générateur d'exclusion. En fait, cet abandon de la thèse des deux peuples fondateurs par le Bloc officialisait à la fin des années 1990 la prétention à une modernisation pluraliste de l'identité québécoise. En marquant la rupture avec la conscience historique de la majorité française, on pensait ainsi ouvrir le chantier d'une reconstruction intégrale des contenus et des contours de la nation québécoise. Le Bloc a mené plusieurs campagnes auprès du mouvement souverainiste pour « élargir » les frontières de la nation, chaque fois en la désinvestissant de ses contenus historiques, de sa charge particulière. On se rappelle aussi la campagne « Québécois sans exceptions » lancée en 2005, qui laissait entendre que, pour être véritablement inclusive, l'identité québécoise ne devait plus d'abord s'enraciner dans l'expérience historique de la majorité francophone. Cette position a été réaffirmée au moment de la crise des accommodements raisonnables, dans le mémoire déposé par le Bloc à la commission Bouchard-Taylor. Si, dans son mémoire, le Bloc mobilisait la rhétorique des « valeurs communes », il prenait bien la peine, néanmoins, de fournir une définition des premières qui n'entre pas en contradiction avec l'idéologie diversitaire et qui ne contribue pas à la réhabilitation du « nous » majoritaire[15]. Comme les autres acteurs de la mouvance multiculturaliste, le Bloc a cherché à reformuler la philosophie du pluralisme identitaire dans un nouveau contexte idéologique marqué par sa contestation, sans rien renier de ses principes fondamentaux.

D'ailleurs, la spécificité du Bloc dans le débat récurrent sur les accommodements raisonnables a été régulièrement notée par la classe journalistique, qui cherchait à mettre en tension les deux partis souverainistes, le Bloc faisant apparemment preuve d'une

---

15. *Bâtir le Québec ensemble,* mémoire du Bloc québécois à la Commission de consultation sur les pratiques d'accommodement reliées aux différences culturelles, novembre 2007.

plus grande maturité morale que le PQ par son adhésion plus ou moins explicite au modèle de la « laïcité ouverte ». Parmi d'autres, Michel C. Auger l'a d'ailleurs noté :

> Pour la chef du PQ, Pauline Marois, « notre fonction publique doit être neutre à l'égard de signes religieux ostensibles […] très visibles et qui manifestent clairement le choix d'une pratique religieuse ou d'une autre. Moi, je dis que si l'on dit que l'État est neutre, à ce moment-là, ça devrait être exclu » (point de presse à l'Assemblée nationale le 25 mars 2010). Pour le Bloc québécois, la vision est très différente : « Le BQ voit mal la pertinence d'une interdiction globale qui s'appliquerait à l'ensemble des fonctionnaires et des personnes à l'emploi des réseaux de la santé et de l'éducation » (mémoire du Bloc québécois à la commission Bouchard-Taylor, novembre 2007). […] Et le Bloc conclut avec des mots qu'aurait très bien pu prononcer le premier ministre Charest : « Les personnes ont le droit d'exercer leur liberté de conscience et de religion et de l'exprimer publiquement, ce que permet précisément la laïcité des institutions. C'est en ce sens que nous parlons de laïcité ouverte. » Bref, le mouvement souverainiste est loin d'être monolithique sur cette question, et la version péquiste de la laïcité ne semble pas être acceptée même chez les cousins du Bloc québécois. Un beau débat Marois-Duceppe en perspective[16].

Il suffit de fréquenter un peu les principales figures du souverainisme québécois dans le privé pour les entendre expliquer encore plus clairement cette contradiction, source de tensions croissantes entre les deux partis.

Ce préjugé favorable envers le multiculturalisme est très clairement noté dans l'ouvrage, surtout par les journalistes interviewés

---

16. Michel C. Auger, « Laïcité ouverte ou intégrale : le débat Marois-Duceppe », 26 mars 2010, en ligne : www.radio-canada.ca/nouvelles/carnets/2010/03/26/128468.shtml

par Charbonneau qui reconnaissent au Bloc de Duceppe le mérite d'avoir transformé en profondeur la définition de la nation des souverainistes. C'est notamment le cas de Manon Cornellier, du journal *Le Devoir*, qui considère comme une « une grande contribution du Bloc [...] la définition civique de la nation. Le Bloc a beaucoup contribué à l'ouverture et à la diversité et ça, c'est un acquis pour tout le mouvement souverainiste... D'ailleurs, le BQ met en place un discours orienté sur la diversité, l'ouverture et l'inclusion et je sais pour avoir parlé à des gens issus des communautés culturelles qu'ils trouvent le Bloc moins nationaleux, cou bleu, qu'il y a au PQ une tranche forte de ça » (p. 99). Comme le souligne aussi Michel C. Auger, analyste politique à Radio-Canada, lui aussi interviewé par Charbonneau, « la politique la plus déterminante sur le gouvernement québécois, c'est l'attitude personnelle de Duceppe. C'est une ouverture vers les communautés culturelles, anti-ceintures fléchées. L'expression de Duceppe sur les cous bleus a été reprise par Guy A. Lepage qui l'a vraiment popularisée. Le PQ a toujours eu un problème de ce côté alors que le Bloc leur donnait des circonscriptions gagnantes et les faisait gagner » (p. 98). « Anti-ceintures fléchées » — la formule est paradoxale de la part d'un journaliste qui s'offusquerait sans doute d'un discours « anti-voile » ou « anti-kirpan ». On devine qu'il n'hésiterait pas alors à parler d'islamophobie ou de xénophobie. Il n'existe évidemment pas de termes semblables pour ceux qui font passer le dénigrement du « groupe majoritaire » pour une expression de la tolérance la plus éclairée.

Il n'en demeure pas moins que le propos est clair : c'est parce que le Bloc a neutralisé le nationalisme tel qu'il s'était historiquement constitué qu'il aurait fait faire des progrès au souverainisme. On vient de l'évoquer, Gilles Duceppe a même frappé une formule, les « cous bleus », pour désigner les nationalistes indésirables au sein de sa formation, parce qu'ils n'auraient pas intériorisé l'exigence diversitaire. Dominique Olivier, qui a exercé d'importantes fonctions dans la direction du Bloc québécois et qui est aussi interviewée par Charbonneau, soutient même que l'originalité du Bloc dans la constellation souverainiste se trouve dans sa volonté de dissocier les intérêts du Québec de ceux de la majorité historique française. On nous permettra d'en citer un long extrait :

> Par son positionnement unique de parti défendant les intérêts du Québec sur la scène fédérale, et réélu par une majorité de Québécois à chaque élection, le Bloc va être en mesure d'harmoniser ses valeurs énoncées avec ses actions, ce que le gouvernement du Québec, toute allégeance confondue, ne réussit pas à faire. Le PQ a besoin de conserver sa majorité chez les francophones pour être réélu s'il veut pouvoir ramener son projet référendaire. De plus, la majorité des députés venant de l'extérieur de Montréal (à commencer par M. Lucien Bouchard) ne vivent pas de la même façon le choc de l'intégration.

Dominique Olivier cherche ainsi à mettre en lumière les conséquences idéologiques du positionnement du Bloc.

> Cosmopolitisme, internationalisme, multiculturalisme, ces notions dominent un débat qui devrait plutôt porter sur une vision d'une véritable interculturalité (rencontre des cultures pour le bien commun plutôt que juxtaposition des cultures) qui est à la base du modèle québécois. Du côté des libéraux la majorité des députés montréalais se retrouvent en leurs rangs et ils cherchent plutôt à reconquérir le cœur des francophones. En ce sens, ils vont eux aussi calquer leur discours et leurs actions pour répondre aux aspirations de la majorité démographique. Le Bloc, lui, comme défenseur des intérêts des « Québécois », va être obligé de façonner tout un nouveau discours politique identitaire pour définir « qui sont ces Québécois » et dans ce nouveau façonnement placer la recherche de l'équité et du bien commun au centre de ses préoccupations et de son positionnement. En ce sens, les avancées du Bloc me semblent déterminantes. [p. 98-99]

Ainsi, le Bloc québécois a transformé la référence au peuple québécois dans l'espace public, il l'a explicitement décentré de sa majorité historique. Il l'a vidé d'une charge culturelle porteuse d'« exclusion » pour l'investir d'un contenu idéologique conforme aux exigences de la gauche multiculturelle. Selon l'expression de Dominique Olivier, le Bloc a dissocié la représentation officielle de la société québécoise de sa « majorité démographique ». On pourrait aussi dire qu'il a déréalisé le peuple québécois, qu'il l'a transformé en pure fiction idéologique et technocratique.

Interviewé lui aussi par Charbonneau, le sénateur Jean-Claude Rivest radicalise cette interprétation de l'apport du Bloc au Québec et au mouvement souverainiste.

> La définition de la citoyenneté québécoise fait maintenant l'objet de consensus. Un des aspects de la nation québécoise — et ça, c'est une contribution unique — c'est une nation ouverte, civique. C'est très loin de la race pure. Et c'est grâce au BQ. Parce que cela n'existait pas dans la révolution tranquille, ni pour René Lévesque. On parlait de « nous autres »… ça veut dire « nous autres » […], mais la formation politique qui a donné une dimension civique à la définition québécoise, c'est le BQ et il a pu le faire parce qu'il est au Parlement du Canada où il y a beaucoup plus d'échos. Ils ont beaucoup fait avancer ce dossier et le fait qu'ils étaient à Ottawa a eu une répercussion. Le BQ contribue par la nature de ses interventions à enlever le côté sectaire de la souveraineté. [p. 99-100]

Selon Rivest, le Bloc romprait ainsi avec l'héritage de René Lévesque (par ailleurs grossièrement associé par Rivest à une représentation de la nation comme « race pure ») et de la Révolution tranquille, qui a quand même pris son envol avec un appel au « maîtres chez nous », la définition du « nous » en question ne faisant pas l'objet de polémiques inutiles. Autrement dit, le Bloc aurait marqué une rupture avec la Révolution tranquille, qui se référait encore à une nation historiquement centrée sur la majorité historique francophone. Le Bloc a ainsi introduit une innovation radicale dans l'histoire du nationalisme québécois, dans la mesure où le peuple québécois tel qu'il a pris forme historiquement et culturellement y est désormais étranger. On ne parlera plus seulement d'un souverainisme sans nationalisme, mais d'un souverainisme sans nation.

Ces témoignages sont précieux et Charbonneau a fait œuvre utile en les recueillant, dans la mesure où ils confirment et documentent ce que plusieurs devinaient ou savaient déjà : le Bloc a provoqué une rupture radicale dans la pensée souverainiste. Il a reconstruit la référence à la nation à travers l'idéologie diversitaire, qui s'est substituée à un nationalisme reconnaissant la légitimité d'une appartenance historique au peuple québécois. Le « peuple québécois » dont parle le Bloc a peu à voir avec l'expérience historique québécoise. Résumons la chose ainsi : l'histoire du Bloc sous Duceppe est celle d'une métamorphose complète du nationalisme québécois, une métamorphose évidemment approuvée par les journalistes associés à la gauche diversitaire qui saluent une telle marginalisation du nationalisme historique dans la société québécoise et qui ont vu dans le Bloc l'instrument de la mutation « civique » de la nation québécoise. De manière plus générale, on pourrait dire que le Bloc a servi de laboratoire à la mutation de la gauche souverainiste, passée d'un préjugé favorable envers les travailleurs au préjugé favorable envers les minorités — on pourrait aussi parler plus exactement d'un préjugé défavorable envers la majorité. Le Bloc a été le laboratoire politique du multiculturalisme à la québécoise.

Un grand parti canadien

On peut évidemment tirer quelques conclusions politiques de ce dévoiement doctrinal d'un souverainisme idéologiquement aseptisé qui devait finir politiquement neutralisé. Le souverainisme remanié dans l'idéologie diversitaire en vient nécessairement à trouver de moins en moins de raisons de justifier l'indépendance du Québec. La question nationale extraite de son expérience historique perdait conséquemment de sa portée existentielle et était réduite à un désaccord idéologique, et même moral, entre le Canada de droite et le Québec de gauche. En fait, le différend constitutionnel (qui posait clairement la question du pouvoir) entre le Québec et la fédération canadienne devenait de plus en plus difficilement pensable dans la mesure où les fondements de la question nationale étaient peu à peu occultés et déconstruits, cette dernière étant radicalement impensable lorsqu'on l'affranchit de la majorité historique francophone.

La chose s'aggrave d'autant plus que le Bloc s'est lentement institutionnalisé et est devenu une machine politique ordinaire qui trouvait dans sa survie et son expansion sa raison d'être. Encore une fois, le constat est dans l'ouvrage de Charbonneau, mais il faut savoir le traduire et le décrypter. Charbonneau reconnaît ainsi que, grâce au Bloc, « même si les Québécois considèrent l'Assemblée nationale du Québec comme leur principal gouvernement, ils s'intéressent de plus en plus aux débats de la chambre des communes » (p. 87). Conséquence de cela, grâce au Bloc, les Québécois en sont venus à reconnaître pratiquement une légitimité significative à la souveraineté fédérale sur leur devenir national. Chantal Hébert fait le même constat avec un brin de cynisme qui semble passer sous le radar de Charbonneau : « La présence bloquiste aux Communes a contribué à amener de nombreux Québécois à considérer le Parlement d'Ottawa comme une institution ayant la légitimité de lancer des débats, voire de légiférer, sur des questions qui, à l'époque où le Bloc n'existait pas, étaient considérées comme du ressort exclusif et presque sacré de l'Assemblée nationale » (p. 87). Si on comprend bien Hébert, le Bloc a non seulement servi de soupape pour atténuer les tensions du régime fédéral, il n'a pas seulement huilé la machine fédérale en y institutionnalisant d'une certaine manière le point de vue québécois, il a paradoxalement renforcé la légitimité du fédéralisme au Québec. C'est aussi à cette conclusion qu'est récemment arrivé le *Times* de Londres en notant que la présence permanente du Bloc à Ottawa avait contribué à détendre paradoxalement les relations Canada-Québec, en permettant au Québec de se sentir représenté comme jamais à Ottawa[17].

Cette tendance est renforcée par le fait que le Bloc a toujours cherché à pratiquer un souverainisme *light* à Ottawa, respectueux jusqu'à la déférence des institutions dont il prétend vouloir sortir le Québec. Comme l'écrit Marie-France Charbonneau, « l'action parlementaire du Bloc québécois ne s'est jamais limitée aux seuls enjeux québécois, pris au sens étroit du terme. Le simple fait d'agir sur la scène fédérale impose au Bloc de prendre position sur des dossiers dont les enjeux ne sont pas directement reliés au Québec. Dès l'élection de 1993, le Bloc privilégie une approche responsable et respectueuse des institutions et il s'en est toujours tenu à cette ligne de conduite » (p. 90). Alors que les Canadiens anglais croyaient d'abord que le Bloc chercherait à jouer une partie exclusivement québécoise au Parlement fédéral, le Bloc s'est fait un devoir de jouer la partie selon les règles convenues du parlementarisme canadien. D'ailleurs, on le sait, ses députés tiraient une grande fierté de la réputation qu'ils avaient auprès leurs adversaires fédéralistes et canadiens.

Il n'est jamais venu à l'esprit des parlementaires bloquistes que le respect qu'ils inspiraient à Ottawa était le signe le plus radical de leur échec. Le Bloc a gagné la sympathie de ses adversaires en renonçant à les combattre. Stéphane Dion a déjà dit de la loi 101 telle que remaniée par les nombreux jugements de la Cour suprême qu'elle était une grande loi canadienne. Il dira probablement un

---

17. Il ne faut pas être injuste toutefois : sur plusieurs dossiers d'importance, comme celui de la création d'une Commission canadienne des valeurs mobilières, le Bloc s'est fait le défenseur convaincu de la position de l'Assemblée nationale. La question est de savoir toutefois si cette défense circonstancielle des intérêts du Québec correspond encore à une critique des fondements du régime canadien.

jour que le Bloc québécois était aussi un grand parti canadien. Le nationalisme fédéral s'est neutralisé dans un souverainisme de façade travaillant malgré lui à renforcer l'ordre canadien. On l'a vu à l'élection de décembre 2008 quand le Bloc québécois s'est *opposé* aux coupes fédérales en culture, comme si la vocation première d'un parti nationaliste n'était pas justement de limiter le plus possible l'influence du gouvernement fédéral dans un domaine aussi vital pour l'identité québécoise. Benoît Dubreuil l'a rappelé dans les pages de *L'Action nationale* : « Pendant quelques semaines, nous nous sommes retrouvés dans une situation où les artistes québécois, souvent ouvertement indépendantistes, les politiciens du Bloc québécois, du Parti libéral et du NPD, le gouvernement aussi bien que l'opposition à Québec, ont réclamé en chœur le rétablissement de ces programmes de subvention, au nom de la défense de la culture québécoise[18]. » On devine que le Bloc s'opposerait de la même manière à l'arrêt du financement des universités par le gouvernement canadien ou à l'abolition des chaires de recherche du Canada. Le Bloc en était rendu à monnayer la dépendance du Québec dans le cadre canadien, d'autant plus qu'il institutionnalisait les intérêts de la société civile québécoise sur le plan fédéral.

Évidemment, cette tendance s'est radicalisée au moment de l'affaire de la coalition en décembre 2008, quand le Bloc a officiellement renoncé à provoquer une crise du régime canadien en troquant le souverainisme pour le progressisme afin de prendre sa place dans une alliance centralisatrice. Au nom des valeurs québécoises qu'il s'agissait de défendre contre les « valeurs conservatrices du gouvernement Harper », le Bloc consacrait la neutralisation du nationalisme québécois sur la scène fédérale. D'une certaine manière, l'épisode de la coalition, dont on a tardé à saisir toute la

---

18. Benoît Dubreuil, « L'avenir du Québec est-il flamand ? », *L'Action nationale*, octobre 2009, en ligne : www.action-nationale.qc.ca, « Navigation par numéros ».

signification, a marqué le point culminant d'un souverainisme postnational, idéologiquement anémié et politiquement neutralisé. Questionné par Marie-France Charbonneau, Michel C. Auger affirme que « la crise parlementaire de l'hiver dernier a prouvé que, si Dion et Layton étaient prêts à faire une coalition avec ces gens-là [les députés du Bloc], même si eux ne seront pas membres du cabinet, c'était une reconnaissance explicite du rôle de parlementaire sérieux que le Bloc effectue » (p. 92). Michel C. Auger aurait pu le dire autrement : à Ottawa, le Bloc québécois n'était plus considéré comme une menace pour la fédération canadienne.

Comprendre le 2 mai

Cette longue dérive, on sait à quoi elle a abouti le 2 mai 2011. En se présentant en début de campagne non plus comme le défenseur d'un nationalisme en rupture avec l'ordre fédéral, mais comme le troisième pilier du progressisme pancanadien (avec le NPD qui représente une synthèse entre la vieille gauche syndicale et les nouveaux mouvements sociaux radicaux, et le PLC, formation politique de centre-gauche principalement axée sur un programme chartiste, droit-de-l'hommiste, multiculturaliste et multilatéraliste onusien sur le plan international), en allant jusqu'à se poser comme le meilleur défenseur du Canada progressiste contre le Canada de Harper, le Bloc sciait une fois pour toutes la branche sur laquelle il était assis. Car à la fin, c'est bien ainsi que se présentait le Bloc : comme le défenseur du Canada authentique contre sa dénaturation conservatrice, comme le défenseur de l'identité canadienne contre l'américanisation « bushiste » du Canada. Le souverainisme fédéral consacrait son institutionnalisation définitive dans le Canada de 1982 contre lequel il avait pourtant été créé initialement. La question nationale finalement neutralisée, la crise du régime canadien devenant pour plusieurs une spécialité exclusive des professeurs de droit constitutionnel, les électeurs québécois ont fini par préférer l'original à la copie, le NPD au Bloc, d'autant plus qu'il représentait la seule solution de rechange à une hégémonie qui s'était transformée en force d'inertie — la seule, bien évidemment, parce que le PLC conserve avec raison la réputation d'un parti qui a renié les intérêts vitaux du Québec francophone et que le PCC, en plus d'être diabolisé grossièrement depuis quelques années par le système médiatique québécois, demeure un parti fondamentalement canadien-anglais qui n'a pas cherché, malgré le flirt de 2006-2008, à reconnaître la légitimité des revendications nationalistes québécoises, le leadership conservateur renonçant notamment à séduire les nationalistes québécois pour les remplacer dans une nouvelle coalition politique par les communautés ethniques socialement conservatrices de la région de Toronto.

Il semble que le leadership bloquiste ait deviné à la fin de la dernière campagne qu'il évoluait désormais dans un environnement idéologique contre-productif pour les souverainistes québécois. Dans les deux dernières semaines de la campagne fédérale, le Bloc s'est ainsi engagé dans un virage souverainiste inattendu en dénonçant explicitement la polarisation entre la gauche et la droite, en s'attachant à ramener la question nationale au premier plan. Le virage souverainiste de fin de campagne avait de ce point de vue une allure désespérée. En soutenant à quelques jours du vote que cette élection n'était pas entre « la gauche et la droite », mais entre souverainistes et fédéralistes, entre le Canada et le Québec, Gilles Duceppe a voulu rattraper au dernier moment une élection qui allait l'engloutir. Il a cherché à jouer une carte qu'il n'avait plus dans son jeu depuis longtemps. Mais l'électorat ne l'a pas cru. Pire encore, il s'en moquait. Il y avait à travers tout cela un parfum de fin de régime, la vieille garde du souverainisme officiel montant au front pour défendre une stratégie qui avait pourtant conduit le peuple québécois dans un cul-de-sac. À force de dédramatiser la question nationale dans ses dimensions existentielles pendant une dizaine d'années en allant jusqu'à soutenir explicitement une coalition centralisatrice PLC/NPD à partir de décembre 2008, le Bloc favorisait un réalignement électoral qui ne pouvait jouer ultimement qu'à son désavantage.

En congédiant le Bloc, les Québécois ont probablement voulu débloquer la situation politique québécoise en ouvrant un nouveau champ de possibles. On aurait évidemment pu souhaiter que cette transformation soit moins brutale. C'est une nouvelle époque qui s'ouvre, une nouvelle ère dans la politique canadienne et québécoise. La question nationale, désuète dans sa formulation héritée de la Révolution tranquille et de Meech, est appelée à se reconstruire selon de nouveaux paramètres, plusieurs reconnaissant dans la question identitaire ce qui pourrait lui assurer une nouvelle expression, l'affirmation de l'identité québécoise entrant nécessairement en contradiction avec le multiculturalisme prôné par l'État canadien. Il y a là certainement une ligne de fond à partir de laquelle reconstruire la stratégie nationaliste. Il se pourrait aussi que de vieux conflits réapparaissent. On a vu avec quel enthousiasme morbide le Canada anglais a profité de la défaite du Bloc pour inviter le gouvernement Harper à accélérer la marginalisation du Québec de façon à permettre au Canada anglais de s'affranchir une fois pour toutes de ses préoccupations. Il se pourrait bien, en fait, qu'après avoir été refoulée dans les marges de l'espace public pendant une dizaine, sinon une quinzaine d'années, la question nationale resurgisse dans sa forme la plus classique en réactivant entre les deux peuples fondateurs un antagonisme dont nous avions perdu l'habitude. Dans un scénario comme dans l'autre, toutefois, le mouvement nationaliste québécois aurait tort de croire qu'il suffit d'attendre une crise de régime pour récolter sans préavis le fruit mur de l'indépendance. Plus que jamais, pourrait-on dire, le nationalisme doit s'affranchir des schèmes stratégiques préétablis, surtout ceux associés au maximalisme indépendantiste et à la stratégie référendaire, et travailler plutôt à la reconstruction en profondeur de la question nationale, pour bien montrer comment la normalisation idéologique qui

semble s'enclencher ne vient pas déconstruire les principes historiques et existentiels de la question nationale.

Avant de savoir s'il doit survivre et se refonder, le Bloc doit
faire son bilan. Il faudra être lucide, sévère même. La modernisation pluraliste de l'identité québécoise qu'il a pilotée a entraîné
sa dénationalisation. On en calcule aujourd'hui les conséquences
néfastes. Et la stratégie de respectabilisation à tout prix du souverainisme québécois dans les paramètres du fédéralisme canadien a fini par le domestiquer au point de l'abolir dans la plus
complète insignifiance. Il ne s'agit pas de contester la légitimité
d'une représentation du nationalisme sur la scène fédérale et de
consentir à un réalignement gauche-droite pancanadien, comme
si la réalité nationale québécoise était appelée à perdre ses conséquences politiques. Mais il faut bien voir comment on ne saurait
refonder le souverainisme, quelle qu'en soit la forme, en misant sur
une orientation idéologique qui l'a mené à la faillite électorale. Le
bilan du Bloc doit s'écrire à la lumière de son influence sur la définition des contenus du nationalisme québécois et de sa capacité à
maximaliser les tensions internes du régime canadien pour favoriser les intérêts vitaux du Québec, pour favoriser aussi l'atteinte
de l'objectif de l'indépendance. Si le bilan du Bloc a été certainement positif pour le Canada, il n'en a pas été de même pour le
Québec.

Je le redis, l'aspiration à une organisation politique du nationalisme à Ottawa va de soi pour ceux qui ont gardé le mauvais
souvenir de 1982 et qui considèrent fondamentalement le Canada
comme un pays étranger. Dans un Canada qui reconduit d'une
année à l'autre la censure constitutionnelle d'un de ses deux
peuples fondateurs, il devrait être naturel qu'une proportion significative des Québécois désavoue au moins partiellement et de
manière récurrente le régime fédéral en votant pour un parti faisant apparemment le procès de ses fondements, en cherchant à
constituer dans l'enceinte de la Chambre des communes une perspective qui explicite le caractère problématique de la relation

Canada-Québec. Pour cela, on pourrait dire, en paraphrasant Malraux, que tout le monde a été, est ou sera bloquiste. Si bon nombre de Québécois ont déjà fait partie de la première catégorie et pourraient encore faire partie de la troisième, on constate qu'ils ne sont plus qu'une petite minorité à se reconnaître dans la seconde.

4

La question du conservatisme au Québec

Vous avez dit « conservatisme » ? Mais le conser-
vatisme n'est plus une opinion ou une disposition,
c'est une pathologie. L'ordre, autrefois, s'opposait
au mouvement, il n'y a plus désormais que des
partis du mouvement. Au moment d'entrer dans
le troisième millénaire, chacun veut non seule-
ment être moderne mais aussi se réserver l'exclu-
sivité de cette appellation suprême. « Réforme » est
le maître mot du langage politique actuel, et
« conservateur » le gros mot que la gauche et la
droite s'envoient mutuellement à la figure.

ALAIN FINKIELKRAUT, *L'Ingratitude*

La Révolution tranquille est derrière nous. S'il n'est plus rare d'entendre de nombreux appels à se déprendre du mythe de la Révolution tranquille, le mythe de la Grande Noirceur pèse encore sur
la conscience historique québécoise. La mémoire officielle du
duplessisme demeure au cœur d'un dispositif idéologique où se
sont fixés les rapports de pouvoir hérités de la Révolution tranquille qui structurent encore l'espace public québécois. De manière
générale, le régime de Maurice Duplessis apparaît toujours comme
l'expression politique d'une culture pathologique qu'il fallait d'ur-

gence liquider. La caricature d'une société traversant sous son gouvernement une période de Grande Noirceur habite la conscience historique, et l'idée demeure que la Révolution tranquille s'est d'abord menée non pas contre une domination nationale extérieure mais contre le Québec traditionnel. Même ceux qui portent un jugement sévère sur la Révolution tranquille se gardent de plaider pour une réintégration du régime de l'Union nationale dans la continuité nationale.

Nous avons là le point de départ de notre réflexion. Dans ce dernier chapitre, nous n'explorerons pas les contenus substantiels de la mémoire collective, mais nous l'envisagerons à la manière d'un dispositif idéologique mis en scène pour déterminer à partir d'une certaine narration de l'expérience nationale l'espace du pensable politique. Le grand récit de la Révolution tranquille a joué un rôle central dans la constitution de l'espace politique par la censure du conservatisme et de l'expérience historique dont il pouvait se réclamer. Mais nous verrons comment la transformation de la conscience historique s'inscrivait dans une plus vaste métamorphose de la référence québécoise, portée par une nouvelle élite résolue à forger une nouvelle conscience historique à la collectivité tout en disqualifiant radicalement l'ancienne pour marquer une rupture définitive dans l'histoire du Québec. Car le récit de la Grande Noirceur a structuré fondamentalement l'espace politique québécois depuis un demi-siècle en pathologisant systématiquement le conservatisme pour l'assimiler à une régression historique fondamentalement contradictoire avec les termes de la nouvelle identité collective issue de la Révolution tranquille. Le rappel systématique de la Grande Noirceur et l'injonction de toujours s'en éloigner davantage ont joué un rôle capital dans la métamorphose de la société québécoise à partir d'une utopie transformatrice qui a congédié son expérience historique. Nous dégagerons les conséquences de cette censure inaugurale du conservatisme en nous intéressant à son histoire avortée. Nous verrons d'abord comment s'est constitué le mythe de la Grande Noirceur et comment il s'est perpétué en renouvelant à divers moments la censure du conservatisme et en élargissant à l'extrême la signification de celle-ci. Nous verrons de la même manière comment s'est transformé le consensus progressiste, dont les contenus ont évolué, mais qui a néanmoins fondé le Québec officiel sur l'idéal de l'hypermodernité. Nous verrons enfin comment cette reconfiguration de l'espace public porte à conséquence dans les débats du Québec contemporain concernant le « retour de la droite », ce qui implique un travail d'analyse élémentaire pour savoir de quelle droite nous parlons.

La fabrique de la Grande Noirceur

Quelques banalités sont nécessaires pour rappeler les conditions de fabrication du mythe de la Grande Noirceur et les modalités de son installation dans le dispositif mémoriel dominant maintenu par les élites arrivées au pouvoir avec la Révolution tranquille. Ce mythe appartient d'abord et avant tout à une histoire de l'imaginaire politique québécois. On a trop peu rappelé qu'il ne s'est pas constitué après la mort de Duplessis avec la prise de conscience d'une société découvrant l'ampleur de son aliénation, mais bien sous le régime de l'Union nationale, dans l'intelligentsia des années 1950 qui s'imaginait en lutte contre un régime presque dictatorial[1]. D'abord critiquée au nom d'une collection de griefs dont on ne saurait contester la légitimité, la figure du Chef sera progressivement investie d'une signification mythologique. On fascisera artificiellement l'expérience historique québécoise pour justifier une rupture radicale avec elle en allant jusqu'à confondre la société libérale duplessiste avec un État autoritaire, comme pouvaient l'être à l'époque l'Espagne et le Portugal, ou même avec le fascisme italien ou le nazisme. Une fois arrivée au pouvoir, la

---

1. Léon Dion, *Québec 1945-2000,* t. 2 : *Les Intellectuels et le temps de Duplessis,* Sainte-Foy, Presses de l'Université Laval, 1993.

nouvelle intelligentsia n'aura eu aucun mal à transformer cette vision en nouvelle formulation officielle de l'histoire québécoise. Dans le sillage de *Cité Libre*, l'intelligentsia développera une culture du radicalisme qui la conduira à épouser un marxisme particulièrement dogmatique en croyant y trouver une voie d'accès à l'universalité scientifique et politique. La formulation la plus intellectualisée de la conscience collective sera ainsi fondée sur une survalorisation de l'utopie comme seule matière à partir de laquelle constituer le lien social. L'intelligentsia s'en trouvera durablement en situation de « rupture épistémologique » avec la société québécoise.

La fonction principale du mythe de la Grande Noirceur dans la reconfiguration de la référence officielle du Québec fut de disqualifier non seulement les anciennes élites associées au régime de l'Union nationale, mais plus généralement de justifier la reconstruction intégrale de la société québécoise dans la matrice du planisme technocratique que l'on considérait alors comme le principal vecteur du progrès collectif. Fondamentalement aliénée, la société canadienne-française devait être intégralement reconstruite. La diabolisation de Maurice Duplessis fournissait par effet de contraste une légitimité supérieure à ceux qui travaillaient à liquider l'héritage qu'on lui associait, notamment sur le plan des institutions scolaires, où s'est jouée une bonne partie du radicalisme des révolutionnaires tranquilles. Il devenait possible de situer le conservatisme canadien-français dans le registre des pathologies collectives et de constituer la référence idéologique du Québec contemporain comme une expression épurée de la modernité en plaçant dans le domaine de l'impensable tout « retour en arrière[2] ». L'espace public se configurera à partir d'une utopie qui sera celle de la rationalisation intégrale d'un ordre social transparent et fonctionnel reconstruit selon les prescriptions de l'égalitarisme

---

2.   Guy Rocher, *Le Québec en mutation*, Montréal, Hurtubise HMH, 1973.

technocratique[3]. L'ampleur du désastre constaté dans le passé justifiait une tâche de refondation au temps présent, les réformateurs sociaux se trouvant moins devant une société à réparer qu'à renverser. Dans le portrait particulièrement critique qui sera dressé du Canada français sous Duplessis, c'est le clérico-nationalisme qui jouera le rôle d'idéologie officielle et qui justifiera la disqualification intégrale des contenus culturels du nationalisme traditionnel[4].

L'idéologie souverainiste et le consensus progressiste québécois

Si la criminalisation du conservatisme trouve son acte inaugural dans la fabrication et l'institutionnalisation du mythe de la Grande Noirceur, elle n'y trouve certainement pas sa scène finale. Cette dynamique idéologique sera relancée à plusieurs reprises au fil des décennies et le mythe de la Grande Noirceur en viendra à recouvrir toute l'expérience historique québécoise, le mauvais sort de Duplessis étant en cela annonciateur de celui réservé à Lionel Groulx, devenu rétrospectivement le théoricien d'un fascisme local, et à toutes les figures qui n'anticipaient pas l'avènement du Québec moderne. Les mémoires conjointes de Groulx et de Duplessis se rejoignent ainsi dans la version la plus radicale du mythe de la Grande Noirceur. Contestés au moment de leur publication, les travaux d'Esther Delisle sur Lionel Groulx sont parve-

---

3. Cette critique n'est pas neuve et on la retrouvait dans les travaux de Jean-Jacques Simard, sans qu'elle soit pour autant articulée à une sociologie du conservatisme québécois. Jean-Jacques Simard, *L'Éclosion. De l'ethnie-cité canadienne-française à la société québécoise*, Sillery, Septentrion, 2005.

4. Pour une réinterprétation déprise de la légende noire du duplessisme de la « droite » intellectuelle québécoise, voir Xavier Gélinas, *La Droite intellectuelle québécoise et la Révolution tranquille*, Québec, Presses de l'Université Laval, 2007.

nus à imposer une nouvelle lecture de l'œuvre groulxienne qui en amène plusieurs, comme Gérard Bouchard, à souhaiter l'éradication de ses dernières traces dans l'espace public[5]. Ce mythe sera au cœur des nombreuses entreprises de déconstruction de l'identité nationale passant par une redéfinition toujours plus épurée de la Révolution tranquille comme passage à la modernité, le nationalisme historique ayant de plus en plus l'allure d'un résidu identitaire du Canada français.

En fait, et ce n'est pas le moindre paradoxe, c'est à l'intérieur même de l'idéologie souverainiste qu'on peut le mieux suivre l'évolution de ce consensus progressiste jusqu'à sa reformulation la plus contemporaine. Ainsi, l'indépendantisme tel qu'il sera théorisé au RIN se pensera autant contre le Canada anglais que contre le Canada français, surtout chez les intellectuels qui assimileront la cause nationale à celle de la décolonisation[6]. Mais plus encore, la fondation du Parti québécois en 1968 représente bien symboliquement la situation particulière du souverainisme, à la fois héritier du groulxisme et lieu d'expression de la nouvelle gauche technocratique qui videra le « nationalisme » de tout substrat traditionnel[7]. La création du Parti québécois au moment où la Révolution tranquille se laissait infiltrer par la contre-culture était annonciatrice des contradictions qui le travailleraient au cours de son histoire et qui l'amèneraient à se retourner progressivement contre le nationalisme historique. Le Parti québécois était porteur d'un étrange destin, à la fois héritier de l'affirmation nationale du Québec historique et porteur du virus idéologique qui le fera mou-

---

5. Gérard Bouchard, « Ouvrir le cercle de la nation. Activer la cohésion sociale. Réflexion sur le Québec et la diversité », dans Michel Sarra-Bournet (dir.), *Les Nationalismes au Québec du XIXᵉ au XXIᵉ siècle*, Sainte-Foy, Presses de l'Université Laval, 2001, p. 316-317.

6. Jean-François Nadeau, *Bourgault*, p. 159-183.

7. Xavier Gélinas, « Notes sur le traditionalisme canadien-français », dans Alexandre Stefanescu (dir.), *René Lévesque*, p. 37-49.

rir progressivement en confondant l'émancipation nationale et l'« émancipation sociale ». L'enracinement à gauche du souverainisme devenu lieu de ralliement des nouvelles élites technocratiques et de l'intelligentsia progressiste conduira à sacrifier l'histoire dans la définition de l'identité nationale, l'utopie étant appelée à prendre le relais. Autrement dit, le détournement du nationalisme à des fins qui ne sont pas les siennes était inscrit dans le code génétique du Parti québécois.

Pour comprendre cette tension dans l'histoire du souverainisme, il faut distinguer entre la génération des fondateurs, assimilable à une vieille gauche nationale, populaire et libérale, et la nouvelle gauche sortie des *sixties,* sorte de génération 68 à la québécoise. Alors que c'est la génération fondatrice, souvent formée dans les rangs du mouvement national, qui a mené la lutte pour l'indépendance[8], c'est la génération qui s'est ralliée au PQ en tant que véhicule du progressisme qui a utilisé celui-ci principalement pour transformer le Québec en laboratoire idéologique des innovations sociales associées à la gauche culturelle. Alors que la génération fondatrice s'en tiendra à une définition historique de l'appartenance nationale, visible dès les premières pages d'*Option Québec,* pour la génération 68, le sentiment national se déclinera comme un sentiment d'appartenance à la modernité québécoise et une célébration du modèle politique qui s'est mis en place avec la conversion généralisée des élites à la social-démocratie[9]. Il fallait alors déconstruire la famille traditionnelle, réinventer l'école dans la pédagogie créative de l'estime de soi, étatiser les pratiques

---

8. Éric Bédard, « René Lévesque et l'alliance avec les bleus », dans Alexandre Stefanescu (dir.), *René Lévesque,* p. 147-159.

9. On assiste, chez les néosouverainistes progressistes, à une tentative de réinvention du mythe Lévesque en le présentant comme le premier des nationalistes civiques, qui se serait défié de toute définition historique de l'identité nationale et de la communauté politique. Pour un bon exemple, voir Alain Noël, « Un homme de gauche ? », dans Alexandre Stefanescu (dir.), *René Lévesque,* p. 133-146.

sociales traditionnellement dévolues à la société civile et transformer la démocratie selon le modèle autogestionnaire. Il fallait surtout déconstruire les institutions dépositaires d'une autorité non progressiste et confier à une nouvelle technocratie militante la responsabilité de reconstruire le Québec selon les prescriptions de l'égalitarisme social et culturel.

Ce sont les représentants de la génération 68 et de celles qui ont suivi qui prirent le contrôle du logiciel idéologique du souverainisme après le deuxième référendum. Tout le travail de modernisation du souverainisme à travers le passage du nationalisme « ethnique » au nationalisme « civique » consistait à débarrasser la nation de son substrat historique pour la reconstruire à partir de la matrice idéologique du multiculturalisme, devenu le nouvel horizon moral de la gauche. La culture politique postréférendaire qui se déploiera à partir du traumatisme causé par les propos de Jacques Parizeau le soir du 30 octobre 1995 correspondra au croisement du mythe de la Grande Noirceur et de la mauvaise conscience occidentale post-soixante-huitarde, intériorisée à la fois par les acteurs sociaux hégémoniques et les grandes institutions de l'État québécois[10]. On dépouillera l'identité nationale de ses derniers contenus traditionnels en en fournissant une définition minimale qui tient dans les seuls paramètres de la Charte des droits et libertés de la personne et de la culture droit-de-l'hommiste qu'elle pourrait engendrer. Ce chartisme à la québécoise anticipe la reconduction du consensus progressiste à travers la matrice de la lutte aux discriminations qui criminalisera les pratiques sociales traditionnelles en les catégorisant de manière exhaustive sous le signe du « racisme », du « sexisme » et de l'« homophobie ». D'une certaine manière, le souverainisme pilotera la mutation thérapeutique du modèle québécois à travers l'institutionnalisation de la sociologie antidiscriminatoire comme nouveau paradigme de l'ac-

10. Mathieu Bock-Côté, *La Dénationalisation tranquille.*

tion publique qui multipliera les campagnes de sensibilisation et
« d'éducation à la différence » pour relativiser les normes sociales
traditionnelles en ouvrant les institutions publiques aux revendications égalitaristes engendrées par le « pluralisme identitaire ». On
se réclamera de la Révolution tranquille pour mener ces politiques
en se référant toujours à elle comme au moment de l'ouverture de
la société québécoise à la diversité ; le multiculturalisme ou le fémi-
nisme radical reconstruisant ainsi leur genèse dans le mythe fondateur du Québec moderne pour présenter le démantèlement de
la nation historique ou de la famille traditionnelle comme la nouvelle étape du tournant vers l'émancipation pris en 1960[11]. Alors
que la mémoire populaire gardait jusqu'à tout récemment de la
Révolution tranquille le souvenir de René Lévesque, c'est-à-dire
un souvenir centré sur la question nationale, l'industrie culturelle
travaille désormais à en transformer la signification, comme on a
pu le constater avec des films comme *C.R.A.Z.Y.* ou *Maman est
chez le coiffeur*. À la mémoire de l'émancipation nationale succède
celle de l'émancipation sociale. Autrement dit, la Révolution tranquille perd peu à peu sa marque distinctivement québécoise pour
devenir la version locale des *radical sixties*, de Mai 68. Dans un
ouvrage récent, *Québec 68*, Benoît Gignac a d'ailleurs livré une
représentation particulièrement exaltée de la conscience historique
de la génération boomer, persuadée d'avoir rompue pour le mieux
avec un vieux monde canadien-français qui n'avait fondamentalement rien à transmettre. Québec 68 serait la rupture entre la
Révolution tranquille des nationalistes et celle des modernistes. À
travers la lutte au « racisme », au « sexisme » et à l'« homophobie »,
le progressisme québécois s'ajustera aux tendances dominantes du
progressisme occidental en transformant la société québécoise en
laboratoire de la société des identités, une entreprise qui devrait
être considérée comme fondatrice sur le plan identitaire, selon

---

11. Benoît Gignac, *Québec 68. L'année révolution*, Montréal, Éditions La Presse, 2008.

Michel Venne[12]. C'est justement dans sa capacité de se dégager des rapports sociaux traditionnels que le Québec retrouverait une forme originale d'identité collective lui permettant d'achever pleinement la Révolution tranquille.

Cette confiscation de l'identité québécoise par un progressisme hégémonique sera aussi repérable sur la scène fédérale où le Bloc québécois de Gilles Duceppe assimilera les valeurs progressistes de la nouvelle gauche, qui s'est constituée au croisement du postmarxisme et de la contre-culture, aux « valeurs québécoises » dont son parti se veut le gardien, le nouveau contraste identitaire canadien opposant apparemment un Canada conservateur à un Québec progressiste. C'est ainsi que le Bloc québécois transformera en valeurs nationales la défense du mariage gai, l'écologisme ou l'approche préventive en matière de jeunes contrevenants, tout en pilotant la conversion de l'identité québécoise au multiculturalisme, la lutte pour l'indépendance correspondant de plus en plus à la poursuite du progressisme par d'autres moyens (des valeurs éminemment respectables, mais dont on se demande bien en quoi elles sont spécifiquement québécoises). Ceux qui constatent l'impasse dans laquelle se retrouve la lutte pour l'indépendance n'ont alors aucun mal à la réduire à la défense intransigeante du modèle québécois et des valeurs qu'il incarnerait, comme le suggérait récemment Pierre Paquette, qui invitait les souverainistes à centrer désormais leur projet sur la réinvention de la social-démocratie, le souverainisme devant non seulement transformer le Québec en laboratoire du progressisme identitaire, mais aussi actualiser le vieil appel de la gauche au socialisme[13]. Cette redéfinition progressiste du souverainisme fédéral s'est confirmée à l'automne 2008 avec le ralliement du Bloc québécois à une coalition centralisatrice qu'il souhaitait installer au pouvoir pour contrer le gouvernement

---

12. Michel Venne, « Dumont dérape », *Le Devoir*, 20 novembre 2007 ; Michel Venne, « La vivacité du Québec », *Relations*, n° 718, juillet-août 2007, p. 15-17.

13. Pierre Paquette, « Une nouvelle donne pour la souveraineté du Québec ».

Harper dont les valeurs conservatrices seraient radicalement étrangères à la société québécoise. Le souverainisme aura désormais vocation de coloniser le Canada anglais à partir des valeurs québécoises. On peut y voir l'expression la plus radicale de sa trudeauisation[14].

L'effacement de la droite conservatrice

Ce n'est pas tout de suivre l'évolution du consensus progressiste. Il faut maintenant revenir sur les conséquences de cette hégémonie sur la mise en forme du conservatisme dans l'espace public. Recouvert d'un consensus progressiste, l'espace public refoulera la droite conservatrice dans ses marges, où elle sera systématiquement assimilée à la réanimation des vieux démons de la société québécoise, même si l'on peut noter jusqu'à la fin des années 1960, avec Daniel Johnson et la députation unioniste de 1966, une tentative pour réanimer une droite conservatrice se définissant sous le signe de la nation, une tentative renouvelée avec la course à la direction de l'Union nationale de 1969, puis celle de 1971, Jean-Guy Cardinal et Marcel Masse cherchant successivement à désinvestir la Révolution tranquille de son souffle utopiste en critiquant la nouvelle technocratie qui viderait lentement de sa substance le pouvoir politique[15]. La mort précoce de Daniel Johnson aura néanmoins scellé l'avenir du nationalisme conservateur. Avec la fin de l'Union nationale, dernière dépositaire active d'une mémoire de la continuité québécoise, le conservatisme se dispersera avant d'être récu-

---

14. Cette trudeauisation du souverainisme favorisera sa récupération dans la genèse du Canada comme utopie progressiste. Aujourd'hui, on assiste ainsi à l'introduction d'un René Lévesque épuré de toute charge nationaliste dans une collection d'ouvrages dirigée par John Saul consacrant un panthéon des grands Canadiens. Voir, sur ce sujet, Daniel Poliquin, *René Lévesque*, Montréal, Boréal, 2009.

15. Pierre Godin, *La Poudrière linguistique*, Montréal, Boréal, 1990.

péré dans ses franges les plus populaires par un créditisme incarnant une protestation droitière contre les excès de la modernisation du Québec, ce qui paradoxalement délivrera les grands partis de la tentation de s'approprier cette contestation, comme le notera de manière perspicace Gérard Bergeron, en disant des petits partis de droite qu'ils avaient pour fonction « d'empêcher le Parti québécois de se développer du côté d'une droite négative et ne pas trop alourdir les libéraux à leur propre droite, déjà suffisamment conservatrice[16] ». Pendant vingt ans, la question du conservatisme demeurera marginale dans la société québécoise, malgré son renouvellement occasionnel au cours des années 1970 avec la discussion souvent reprise sur la renaissance éventuelle de l'Union nationale, la popularité éphémère de certaines personnalités comme Jérôme Choquette avec son Parti national populaire ou les spéculations entourant la création d'une éventuelle « troisième force ». Le terme « conservatisme » lui-même deviendra inusité et le Québec officiel s'installera durablement dans un consensus progressiste qui entraînera une recomposition de l'espace public avec l'idéologie du progrès comme seul horizon moral respectable.

C'est la dynamique politique de la société québécoise qui entrera en contradiction avec la reformulation du conservatisme, d'autant plus que l'hégémonie de la question nationale contribuera à renforcer le consensus progressiste d'une société ne pouvant multiplier les axes de polarisation idéologique sans imploser. D'ailleurs, par effet de contraste avec le souverainisme qui se campait résolument à gauche et représentait une forme de romantisme politique, la droite québécoise de cette époque sera clairement marquée d'une référence au fédéralisme et changera de registre et de famille politique. Pour reprendre les catégories hier utilisées par Claude Ryan, elle passera durablement du bleu au rouge dans une dynamique d'inversion idéologique l'amenant à se définir par la

---

16. Gérard Bergeron, *L'Indépendance, oui, mais...*, Montréal, Quinze, 1977, p. 95-98.

valorisation exclusive d'une modernité dont elle contestera le monopole à la gauche. Il faut relire les programmes politiques de l'époque pour bien voir qu'aucun n'a fait usage du langage conservateur pour nommer les problèmes engendrés par la Révolution tranquille et le basculement du Québec dans les paramètres de la modernité technocratique. Même en 1985, le Parti libéral nouvellement élu, qui avait annoncé le démantèlement de l'État-providence, sera vite neutralisé, malgré qu'il ait surtout mené une critique interne des excès bureaucratiques de la Révolution tranquille, sans évaluer sérieusement ses conséquences culturelles ou morales. On a beaucoup comparé à l'époque le gouvernement Bourassa nouvelle manière à celui de Ronald Reagan et de Margaret Thatcher, un rapprochement pour le moins excessif, le PLQ sous Bourassa ne menant aucune critique de l'héritage contre-culturel des années 1970. Avec Bourassa, le Québec passait de la social-démocratie traditionnelle au social-libéralisme technocratique, ce qui n'a pas empêché ses adversaires de dénoncer pour un temps le retour de la « droite », dans la mesure où son gouvernement entendait néanmoins resserrer les critères d'admissibilité aux largesses de l'État social. Mais on ne peut sérieusement assimiler Bourassa deuxième manière à une forme de conservatisme québécois[17]. Le vieux fond bleu de la société québécoise s'exprimera alors à Ottawa, avec la marée conservatrice de 1984 et 1988, la chose étant possible dans la mesure où la configuration de l'espace partisan sur la scène fédérale aura été moins affectée par la dynamique de la Révolution tranquille.

---

17. Il faut néanmoins mentionner le travail de la revue *L'Analyste* qui a cherché à l'époque à faire un bilan de la Révolution tranquille à la lumière d'un libéralisme conservateur.

La mauvaise conscience conservatrice ou la droite moderniste

Il faut avancer d'une bonne décennie pour retrouver les signes de la question du conservatisme avec la création de l'Action démocratique du Québec, par sa volonté annoncée de sortir de l'impasse dans laquelle la Révolution tranquille aurait laissé la société québécoise. Dès son apparition, l'ADQ sera assimilée à une résurgence du duplessisme et on décèlera chez Mario Dumont, le jeune rouge en dissidence, un vieux bleu de moins en moins complexé. Au fur et à mesure que l'ADQ sortira de la marginalité, et principalement à partir de l'été 2002 où elle dominera pour quelques mois les sondages, elle suscitera l'attention des sciences sociales qui sont un peu les gardiennes de la légitimité progressiste du Québec officiel et qui la présenteront à la fois comme l'expression québécoise d'une révolution conservatrice occidentale et comme la manifestation d'une renaissance d'un « duplessisme néolibéral et postmoderne[18] », selon l'expression de Gilles Bourque. Jean-Marc Piotte, en introduction à un ouvrage collectif consacré en 2003 à la critique de l'ADQ, affirmera ainsi qu'il faudrait non seulement chercher sa genèse idéologique du côté du conservatisme nord-américain mais aussi de « l'Union nationale de Maurice Duplessis[19] », alors que Gérard Boismenu classera l'ADQ parmi les formations de la droite populiste contemporaine, ce qui est une autre manière de l'exclure de la délibération collective en présentant sa vision du monde comme opposée à la démocratie[20]. D'autres, encore moins

---

18. Gilles Bourque, « Un duplessisme néolibéral et postmoderne », dans Jean-Marc Piotte (dir.), *ADQ, à droite toute! Le programme de l'ADQ expliqué*, Montréal, Hurtubise HMH, 2003, p. 191-211.

19. Jean-Marc Piotte, « Introduction », dans *ADQ, à droite toute!*, p. 21.

20. Gérard Boismenu, « Une vision populiste de la démocratie », dans Jean-Marc Piotte (dir.), *ADQ, à droite toute!*, p. 227-244. Sur l'assimilation de l'ADQ à la droite populiste, voir aussi Frédéric Boily, *Mario Dumont et l'ADQ. Entre populisme et démocratie*, Québec, Presses de l'Université Laval, 2008.

cléments, parleront d'une renaissance du créditisme, en reprenant la thèse selon laquelle le conservatisme populaire ne serait que l'expression politique des malmenés de la modernisation[21]. Dans la classe politique aussi, on dénoncera le retour de la droite en multipliant les associations les plus étonnantes pour délégitimer un mouvement qui se définit au moins partiellement à l'extérieur du consensus québécois[22]. D'une comparaison à l'autre, l'objectif sera toujours le même : disqualifier la droite conservatrice en l'assimilant à une dynamique idéologique totalement inconciliable avec le Québec moderne.

Il s'agissait pourtant d'un faux procès qui avait davantage à voir avec l'actualisation d'un mythe fondateur du Québec moderne qu'avec une analyse de l'ADQ. Car c'est mal comprendre l'émergence de l'ADQ que de ne pas voir qu'elle s'accompagnera d'une mauvaise conscience conservatrice — c'est-à-dire d'un « conservatisme » définissant sa légitimité à partir de l'espace qui lui est consenti par le système idéologique auquel il s'oppose, phénomène qui n'est pas exclusif au Québec mais qui s'y manifeste de manière particulièrement radicale. Le conservatisme de l'ADQ sera pour l'essentiel économique, et son chef se défendra longtemps d'y associer des éléments sociaux ou culturels[23]. Si l'ADQ s'en prendra au modèle québécois, elle ne valorisera jamais, sinon dans ses marges idéologiques les plus éloignées, la période historique qui a précédé son avènement et ne contestera jamais significativement le mythe

21. Jean-Jacques Samson, « Créditistes des années 2000 », *Le Journal de Québec*, 16 septembre 2009.

22. Mario Cloutier, « Mario Dumont comparé à Rush Limbaugh », *La Presse*, 17 septembre 2002.

23. Jean Allaire, *Québec demain*, Montréal, Virage, 1994 ; et Paul-Daniel Muller et Léon Courville, *Place à l'initiative. Repenser nos rapports économiques et sociaux*, Montréal, Québec Amérique, 2003. L'absence de la « droite religieuse » dans la synthèse adéquiste sera souvent rappelée dans l'histoire du parti. Voir, par exemple, au sujet de la course à la direction de l'été-automne 2009, Éric Duhaime, « Un parti de droite ? L'ADQ n'a d'autre choix que de l'assumer », *Le Soleil*, 24 juin 2009.

de la Grande Noirceur. Il y avait peut-être une dimension implicitement culturelle dans la critique de la bureaucratisation de la société québécoise, comme on l'a vu avec son opposition à la mise en place des CPE, mais jamais cette critique ne fut formulée autrement que dans les termes du « réformisme administratif ». On notera d'ailleurs que l'ADQ se ralliera pendant longtemps au consensus officiel sur les questions identitaires, ni son chef, ni ses députés ne critiquant par exemple la réforme scolaire ou le multiculturalisme — sauf au moment de la crise des accommodements raisonnables, nous y reviendrons. Si le libéralisme moderniste de l'ADQ sera quelquefois tempéré par le recours au sens commun, il n'en demeurait pas moins contenu dans sa dimension étroitement gestionnaire, sans que soit jamais véritablement remise en question la mutation thérapeutique du modèle québécois[24]. Les éloges funèbres qu'on fera de l'ADQ, toutes les fois qu'on annoncera sa disparition, situeront principalement sa contribution au débat public sur le plan économique ou fiscal, en voyant principalement dans ce parti le porteur d'un questionnement sur le modèle québécois[25].

La mauvaise conscience conservatrice de l'ADQ est encore plus visible dans une nouvelle droite intellectuelle — une droite qui s'est constituée officiellement dans le système médiatique québécois — ayant intériorisé profondément la mythologie de la Grande Noirceur pour se définir dans un libéralisme moderniste où l'hostilité au conservatisme s'accompagne d'une hostilité tout aussi grande à l'expérience historique québécoise[26]. Ainsi, Marc Simard, un de ses représentants, auteur d'un livre et de plusieurs

---

24. Éric Caire, candidat de la base militante de l'ADQ à la course à la chefferie de 2009, a ainsi élaboré un programme qui prenait l'allure d'une version radicalisée du manifeste *Pour un Québec lucide,* sans son vernis social-démocrate.

25. Par exemple, Alain Dubuc, « La vie après l'ADQ », *La Presse,* 16 novembre 2009.

26. Frédéric Têtu, « Le cri d'une génération. L'affaire CHOI-FM et le conflit des générations », *Argument,* vol. 7, n° 1, automne-hiver 2004.

articles en faveur du renouveau libéral d'une société québécoise qu'il dit intoxiquée par l'anticapitalisme, n'envisage aucunement la remise en question de l'héritage contre-culturel dont se réclame le Québec officiel, ni sur le plan social, ni sur le plan identitaire, et il assimile l'hégémonie du modèle québécois à la poursuite d'un « siècle de domination clérico-nationaliste », de 1840 à 1960, ce qui correspond exactement à la lecture de l'histoire québécoise proposée par le progressisme le plus intransigeant[27]. Au moment de la controverse des accommodements raisonnables, Simard fera le procès de l'expérience historique québécoise en dénonçant « la fermeture d'esprit des Canadiens français catholiques devant le monde extérieur, leur hantise de l'étranger, qui à cette époque n'était pourtant que le Britannique ou l'Américain, leur antisémitisme, toutes attitudes fortement encouragées par le clergé ». Menant la polémique contre Mgr Ouellet qui venait de plaider pour une reconnaissance du rôle patrimonial du catholicisme dans l'identité québécoise, Marc Simard a affirmé qu'il n'était pas « besoin de remonter à l'extermination des Amérindiens par les conquistadors guidés par des clercs porteurs de la soi-disant "bonne nouvelle" ou à ces massacres féroces que furent les Croisades. Le catholicisme qu'il veut nous voir embrasser à nouveau a depuis longtemps fait la preuve de son dogmatisme, de son intolérance et de sa haine de l'autre, fusse-t-il "païen", "infidèle" ou "mécréant[28]" ». Il y a là une évolution particulièrement radicale du mythe de la Révolution tranquille, dans la mesure où ceux qui mèneront sa critique lui reprocheront de ne pas avoir marqué une rupture suffisante avec l'héritage historique québécois. Certains, comme Mathieu Laberge, vont même jusqu'à dire que la tâche de

---

27. Marc Simard, *Les Éteignoirs,* Montréal, Voix parallèles, 2007, p. 8.

28. Marc Simard, « Le cardinal a la mémoire courte », *Le Soleil,* 3 novembre 2007. Simard se réappropriera aussi la thèse de la Conquête providentielle, à travers une réflexion sur ses aspects positifs. Marc Simard, « Détournement de l'histoire », *La Presse,* 18 février 2009.

la droite serait « d'arracher les dernières racines du catholicisme » auquel s'accrocherait le modèle québécois, accusé de « conservatisme », ce qui confirme la disqualification d'un terme relevant désormais du registre de l'injure[29]. Un tel propos est symptomatique du rapport que cette nouvelle droite entretient avec une idéologie moderniste qu'elle a intériorisée au point de faire une concurrence progressiste à la gauche[30].

Ainsi, le seul créneau possible pour la droite est celui de l'« éloge de la richesse » et de la rénovation d'un modèle québécois auquel il faudrait administrer une thérapie de choc, comme le propose le documentaire *L'Illusion tranquille* réalisé par Joanne Marcotte, qui a joué un grand rôle dans l'expression de cette sensibilité. Dans ce film, c'est au nom de la modernité qu'on faisait le procès du modèle québécois en multipliant les analogies entre le Québec actuel et celui de la Grande Noirceur, manière comme une autre de revitaliser ce dernier mythe en en appelant à une nouvelle rupture radicale avec l'histoire québécoise. Il s'agit de contester à la gauche la référence au progressisme et de l'accuser de conservatisme, cette inversion idéologique entraînant pratiquement la neutralisation de tout conservatisme substantiel qui se voit immédiatement assimilé à une dérive réactionnaire. Joanne Marcotte, au moment de la course à la direction de l'ADQ, s'est montrée aussi très critique envers la position de son parti lors de la crise des accommodements raisonnables de 2006-2008 en l'assimilant à un « populisme de bas étage […] associant le déclin du français à une hausse de l'immigration […] [relevant d'un] manque d'appréciation de la maturité des adéquistes en matière d'immigration et d'identité culturelle » incompatible avec une nouvelle droite

---

29. Propos tirés du documentaire *L'Illusion tranquille*.

30. Sur cette tendance, voir Frédéric Têtu, qui remarque très justement que, « sur le plan de la philosophie politique, cette anglo-saxonisation de nos jeunes, loin d'être un réflexe réactionnaire et passéiste, constitue un pas de plus sur le chemin de la modernisation du Québec ». Frédéric Têtu, « Le cri d'une génération », p. 9.

devant radicalement s'émanciper de la question identitaire[31]. C'est aussi dans ce créneau que s'inscrit un journaliste comme Alain Dubuc, qui a développé une critique systématique du conservatisme assimilée à une idéologie réactionnaire et même fascisante qu'il voit resurgir autour des questions identitaires en n'hésitant pas à l'amalgamer à l'extrême droite européenne[32]. Dans cette perspective, la droite se réclame de l'hypermodernité et entend parachever la Révolution tranquille en livrant les Québécois à un individualisme libertaire, technocratique et mondialisé. La droite entend ainsi faire concurrence à la gauche dans le registre du progressisme en faisant du droit de choisir de l'individu, de son droit de se désaffilier de toutes les institutions sociales, le seul horizon légitime de l'action politique[33].

---

31. Joanne Marcotte, « La peur de la droite et des étiquettes », *Le blogue de Joanne Marcotte*, 24 juin 2009, en ligne : http://jmarcotte.blogspot.com/2009/06/la-peur-de-la-droite-et-des-etiquettes.html

32. Alain Dubuc, *À mes amis souverainistes*, Montréal, Voix parallèles, 2008 ; Alain Dubuc, *Éloge de la richesse*, Montréal, Voix parallèles, 2006.

33. La nouvelle droite entretient en fait un rapport assez complexe avec la question de l'identité québécoise. On l'a vu avec la controverse créée par Maxime Bernier, qui appelait de ses vœux la révocation de la loi 101. Certains y ont vu une déclaration destinée à accroître sa popularité au Canada anglais, où la Charte de la langue française a mauvaise réputation. D'autres se demandent pourquoi prendre au sérieux un député faisant de ses « déclarations controversées » une spécialité médiatique. Pourtant, la déclaration de Bernier ne relève ni du calcul mesquin ni du « dérapage ». Elle est plutôt symptomatique d'une contestation inédite de la loi 101, qui n'est plus réservée aux radicaux de la communauté anglophone, mais qui est désormais relayée chez les francophones par une frange particulière de la nouvelle droite. Bernier n'est pas le sot qu'on dit, mais plutôt un politicien travaillant fort à défaire la plupart des consensus hérités de la Révolution tranquille. La logique derrière son raisonnement, on la connaît, il s'agit de la philosophie libertarienne fondée sur une vision minimaliste de l'État, le droit de choisir de l'individu devenant le seul horizon légitime de l'action publique. Cette expatriation mentale est pourtant porteuse d'un paradoxe. Car la nouvelle droite à laquelle se raccrochent les libertariens, sans en être la seule composante, retrouve à travers cette américanité revendiquée le vieux fond occidental de l'identité québécoise, occulté par la Révolution tranquille qui a souvent été tentée de réduire l'identité québécoise à sa seule dimension francophone. Ses leaders

Un conservatisme de refondation

Ainsi, loin d'être conservatrice, la nouvelle droite québécoise est plutôt hyperprogressiste et propose la liquidation de ce qu'elle estime être les irritants traditionnels lestant encore la société québécoise. Sans surprise, la gauche militante tournera en dérision une telle distinction qui demeure pourtant nécessaire pour rendre compte des deux registres d'opposition au consensus progressiste dominant, l'hyperprogressisme plaidant pour sa radicalisation, le conservatisme remettant en question dans ses fondements mêmes. Pourtant, cette absence d'un conservatisme culturel et identitaire rattaché au courant bleu dans l'espace public ne fait que confirmer le décrochage de ce dernier par rapport à un certain désir de réenracinement qui traverse la société québécoise, comme l'a dévoilé la crise des accommodements raisonnables, qui n'était pas sans lien avec l'implosion, au Québec comme ailleurs, de l'héritage soixante-huitard. Certes, le système idéologique officiel cherchera à récupérer cette crise en la présentant exclusivement comme une crise de la laïcité, la société québécoise nouvellement désinvestie de la religion ne pouvant tolérer le surgissement sur la scène publique de

commencent ainsi à tenir un discours sur les « valeurs occidentales » du Québec et à réhabiliter la question des « mœurs occidentales », évidemment tenue pour négligeable par le multiculturalisme ambiant pour qui le « vivre-ensemble » saurait se suffire des grands principes contenus dans les chartes de droits. La nouvelle droite s'essaie ainsi à la critique des accommodements raisonnables. Elle parvient par là à s'approprier une dimension de l'identité québécoise souvent négligée par ses défenseurs les plus officiels, associés à la mouvance souverainiste, qui concentrent toute leur attention sur le français sans tenir compte du substrat historique dans lequel il s'enracine. On pourrait même dire que la nouvelle droite s'empare d'autant plus de la question des accommodements qu'elle abandonne celle de la défense du français. On peut risquer une hypothèse forte : le discours identitaire propre à la nouvelle droite n'est peut-être que l'écho déformé d'une crise culturelle de plus en plus aisément repérable au sein même de la majorité francophone. Aujourd'hui, c'est moins l'anglais que le multiculturalisme qui inquiète les Québécois. C'est probablement pourquoi les questions liées à la laïcité, à l'héritage catholique et aux mœurs occidentales du Québec mobilisent davantage l'opinion que l'avenir du français.

communautarismes traditionalistes. On a dit que les Québécois, et plus particulièrement les Québécoises, s'étaient libérés de l'intégrisme religieux il y a un demi-siècle à peine et que le rigorisme moral accompagnant l'arrivée de certaines communautés culturelles contribuerait à nous y ramener — un raisonnement qui laisse entendre que le conservatisme social du Québec traditionnel n'était pas substantiellement différent de l'intégrisme religieux. En s'opposant à certaines revendications de groupes religieux, c'est contre leur propre passé que les Québécois se mobiliseraient. Ce raisonnement exagère jusqu'à la caricature le conservatisme social du Canada français en le présentant sous l'habit d'un intégrisme catholique dont nous serions sortis depuis peu et confirme la prégnance du mythe de la Grande Noirceur. Mais derrière l'écran médiatique, on a assisté à la renaissance d'un conservatisme porteur d'un héritage particulariste ne se réduisant pas à la culture québécoise telle qu'elle fut réinventée dans la dynamique de la Révolution tranquille, non plus qu'aux valeurs de l'universalisme progressiste comme la laïcité ou l'égalité hommes-femmes. C'est ce que l'historien Éric Bédard a nommé la « colère bleue des nationalistes », en évoquant la réémergence d'un courant nationaliste et conservateur dont on avait perdu la trace depuis plusieurs années[34]. En fait, au moment de la crise des accommodements raisonnables, l'ADQ a connu une mue idéologique en s'ouvrant à ce conservatisme pour mener une critique du multiculturalisme et en incarnant une révolte du sens commun contre la déconstruction de l'identité nationale. L'ADQ a transformé ainsi cette crise en crise du multiculturalisme québécois, à rejeter au nom de la majorité francophone et de son héritage historique particulier, qui devrait être investi au cœur de la communauté politique[35]. C'est dans une même perspective qu'elle a fait le procès du cours Éthique

---

34. Éric Bédard, « La colère bleue des nationalistes », *Le Devoir*, 26 avril 2007.

35. Jean-François Cloutier, *Jeff Fillion et le malaise québécois*, Montréal, Liber, 2008.

et culture religieuse (ECR), en accusant le ministère de l'Éducation de piloter la rééducation thérapeutique de la société québécoise correspondant à une entreprise de déculturation radicale, ce qui n'est pas faux tant ce cours incarne l'expression la plus virulente de la mauvaise conscience occidentale dans sa version québécoise[36]. L'inversion de l'école, particulièrement visible dans les enjeux liés à une réforme scolaire radicalisant le pédagogisme des révolutionnaires tranquilles, fournira aussi une matière idéologique au conservatisme québécois[37].

Les élites gardiennes du consensus progressiste, souverainistes et fédéralistes confondues, ont d'ailleurs dénoncé cette renaissance du nationalisme conservateur en l'assimilant à une régression vers le passé canadien-français, à travers la mobilisation d'une rhétorique dénonçant explicitement le conservatisme, qu'on assimilera à une dérive réactionnaire[38]. En fait, les élites québécoises ne se sont pas trompées sur la nature explicitement conservatrice de la critique du multiculturalisme menée par l'ADQ, bien qu'elles aient immédiatement cherché à traduire ce conservatisme dans le langage de l'intolérance, selon les méthodes éprouvées du politiquement correct, qui pratique la fascisation du conservatisme en l'assimilant, la formule est convenue, aux « pires horreurs du XXᵉ siècle[39] ». On fera de ce conservatisme le symptôme d'une pathologie identitaire des populations n'évoluant pas selon les paramètres du multiculturalisme au quotidien. La Grande Noirceur identitaire de la société québécoise aurait migré vers les

---

36. Mario Dumont, « Non à la trudeauisation », *Le Devoir*, 15 septembre 2007.

37. Robert Comeau (dir.), *Contre la réforme pédagogique*, Montréal, VLB, 2008.

38. Mathieu Bock-Côté, « L'identité occidentale du Québec ou l'émergence d'une *cultural war* à la québécoise », *Recherches sociographiques*, vol. 50, n° 3, septembre-décembre 2009, p. 537-570.

39. Mathieu Bock-Côté, « Derrière la laïcité, la nation : retour sur la controverse des accommodements raisonnables et sur la crise du multiculturalisme québécois », *Globe, revue internationale d'études québécoises*, vol. 10, n° 2, 2008, p. 95-113.

régions, contre laquelle travaillerait la nouvelle Révolution tranquille du cosmopolitisme montréalais. Mais la crise des accommodements raisonnables révélait surtout la distance entre les élites officielles et les classes moyennes et populaires menant une politique centrée sur la réaffirmation de l'identité historique de la majorité francophone. La censure du conservatisme sera ainsi reconduite dans le langage de l'antifascisme néo-soixante-huitard en prenant la forme d'une diabolisation du malaise lié à la dénationalisation québécoise[40]. Sous la forme du rappel à l'ordre, plusieurs reprocheront à l'ADQ de sortir du seul espace où la droite est tolérable, celui du libéralisme technocratique, en se rendant coupable d'un dérapage populiste. Ce sera notamment le cas de Michel Venne, qui critiquera violemment l'ADQ au moment de la crise des accommodements raisonnables. « Si l'Action démocratique du Québec s'est toujours présentée comme un parti de centre droit sur le plan économique, Mario Dumont s'était toujours gardé de tomber dans l'intolérance à l'endroit des minorités ou dans le populisme moral comme celui pratiqué par l'extrême droite européenne ou au sein de la droite républicaine aux États-Unis[41]. » On assimilera systématiquement la question identitaire à une tentation populiste et xénophobe. C'était aussi l'avis d'Alain Dubuc, qui écrira, cette fois à propos de la tentation identitaire du mouvement souverainiste, que

> le Parti québécois, probablement sans s'en rendre compte, est en train de glisser à droite. Cette dérive est manifeste dans le projet de loi sur la citoyenneté. [...] Le monde a changé, et les définitions de droite et gauche épousent de nouveaux contours, au Québec et ailleurs dans le monde. Dans les sociétés industrialisées, la ligne de partage repose de moins en moins sur l'opposition entre l'éco-

---

40. Mathieu Bock-Côté, « Le multiculturalisme d'État et l'idéologie antidiscriminatoire », *Recherches sociographiques*, vol. 50, n° 2, mai-août 2009, p. 348-364.

41. Michel Venne, « Dumont dérape », *Le Devoir*, 20 novembre 2006.

nomique et le social. Ce qui distingue maintenant la gauche de la droite, c'est bien davantage le traitement des minorités, l'accueil des immigrants et l'exclusion. […] Et l'on peut noter que, partout, c'est à travers ce thème que se définissent les courants politiques les plus réactionnaires[42].

Dubuc fera aussi appel à la mémoire de René Lévesque pour réclamer l'exclusion des nationalistes conservateurs. « Le PQ a perdu son contrôle sur les porteurs du nationalisme traditionnel, attirés par l'ADQ de Mario Dumont. Son projet de loi sur la citoyenneté a manifestement pour but de les ramener au bercail. Mais en tentant de séduire cette droite nationaliste, au lieu de la contrôler, le PQ est forcé de flirter avec les dérives de droite. René Lévesque n'est vraiment pas vivant. » Alain Dubuc accusera aussi le cardinal Ouellet de dérive « réactionnaire[43] ».

D'ailleurs, l'usage de plus en plus fréquent du terme *réactionnaire* par l'intelligentsia marque bien sa volonté de disqualifier radicalement toute remise en question de l'héritage soixante-huitard. L'intelligentsia théorisera même explicitement la nécessité d'une censure du conservatisme, non plus seulement de manière sociologique, mais bien juridique, l'espace public d'une société multiculturelle ne pouvant apparemment accueillir un conservatisme qui se définit par sa défense d'une vision traditionnelle de l'identité nationale et de la démocratie libérale. Alors que Daniel Weinstock souhaitera explicitement que « les frontières du dicible » se referment pour exclure le nationalisme conservateur du débat politique[44], Jocelyn Maclure plaidera pour une reconstitution de l'espace public à partir d'une raison publique incompatible avec

---

42. Alain Dubuc, « Le PQ, parti de droite ? », *La Presse*, 7 novembre 2007.

43. Alain Dubuc, « L'homme de Rome », *La Presse*, 23 novembre 2007.

44. Daniel Weinstock, « La crise des accommodements raisonnables au Québec : hypothèses explicatives », *Éthique publique*, vol. 9, n° 1, 2007, p. 20-27.

l'expression politique du nationalisme conservateur[45]. Maclure distinguera ainsi le registre des différentes critiques formulées du multiculturalisme en cherchant à isoler la critique conservatrice, dont il reconnaîtra l'existence sans en admettre la légitimité[46]. Maryse Potvin proposera, quant à elle, la censure des médias exprimant une vision négative du multiculturalisme, sous prétexte qu'ils saperaient ainsi les bases du vivre-ensemble[47]. C'est dans une semblable perspective que Gérard Bouchard et Charles Taylor, dans leur rapport sur la crise des accommodements raisonnables, en appelleront à l'interdiction de « l'appel public à la discrimination », ce qui revient à criminaliser la défense de la famille traditionnelle ou de la nation en tant que communauté historique, dans la mesure où ces deux institutions, selon la sociologie antidiscriminatoire, participeraient à la perpétuation d'un même système discriminatoire[48].

Il n'en demeure pas moins qu'au-delà de cette tentative de diabolisation, le conservatisme qui reprend forme est irréductible aux catégories de l'hypermodernité québécoise. La question qui ressort clairement est celle de l'appartenance du Québec à la civilisation occidentale, à travers ses héritages les plus profonds. Mais

---

45. Jocelyn Maclure, « La culture publique dans les limites de la raison publique », dans Stéphan Gervais, Dimitrios Karmis et Diane Lamoureux (dir.), *Du tricoté serré au métissé serré ? La culture publique commune au Québec en débats*, Québec, Presses de l'Université Laval, 2008, p. 87-108.

46. Jocelyn Maclure, « Le malaise relatif aux pratiques d'accommodement de la diversité religieuse : une thèse interprétative », dans Marie McAndrew, Micheline Milot, Jean-Sébastien Imbeault et Paul Eid (dir.), *L'Accommodement raisonnable et la diversité religieuse à l'école publique*, Montréal, Fides, 2008, p. 215-242.

47. Maryse Potvin, « Les médias écrits et les accommodements raisonnables. L'invention d'un débat », rapport remis à MM. Gérard Bouchard et Charles Taylor, janvier 2008.

48. Gérard Bouchard et Charles Taylor, *Fonder l'avenir. Le temps de la conciliation*, Commission de consultation sur les pratiques d'accommodement reliées aux différences culturelles, Gouvernement du Québec, 2008.

pour proposer une vision d'ensemble de la société québécoise, ces préoccupations aboutiront nécessairement dans une réappropriation au moins partiellement positive de la Révolution tranquille tant la question de sa définition demeure centrale pour un conservatisme désireux de lever la censure qui pèse sur lui. Cela passera probablement par une ressaisie de la signification première de la Révolution tranquille, qui en était une d'affirmation nationale, et sa déprise de la mystique soixante-huitarde. La question du rapport à la laïcité sera déterminante dans la mesure où la sacralisation de cette dernière est considérée par plusieurs comme un pan central de l'identité du Québec moderne, un constat aussi fait par les théoriciens du multiculturalisme, qui chercheront à la détourner dans les termes de la « laïcité ouverte ». On peut croire que la réanimation de l'héritage catholique du Québec participe à cette dynamique et vient modérer les ardeurs d'une laïcité qui voudrait se déraciner de son contexte de formulation historique. La laïcité québécoise a historiquement été pensée comme une manière de mettre à distance l'arrière-fond catholique de la culture québécoise dans la modernisation des institutions publiques, mais elle n'avait jamais, jusqu'à présent, prétendu remplacer cet arrière-fond par un autre. Autrement dit, nous assistons pour la première fois depuis un demi-siècle à la ressaisie de l'héritage catholique en tant qu'élément constitutif de l'identité nationale et comme médiation marquant l'appartenance du Québec à la civilisation occidentale. Le conservatisme aurait alors pour fonction de réconcilier deux héritages fondamentaux, celui du vieux Canada français et celui de la Révolution tranquille.

Mais cette révision critique du mythe de la Grande Noirceur par une mouvance conservatrice restaurant les héritages de la nation ne pourra se situer exclusivement sur le registre de la conscience historique. La déliquescence de la culture n'est pas le fruit d'une inéluctable évolution de la modernité, mais bien d'une révolution idéologique et bureaucratique menée depuis un demi-siècle. La contestation du consensus progressiste ne pourra se mener sans problématiser les institutions qui le soutiennent, ce qui implique un retour sur la mutation thérapeutique du modèle québécois et son ambition désormais explicite de reconstruire la culture suivant les paramètres de la sociologie antidiscriminatoire, qui pilote la déconstruction de toutes les institutions sociales traditionnelles pour les reprogrammer à partir du droit à l'égalité. Cette critique du technocratisme reformule ainsi le procès classique de l'étatisme dans une remise en question de certaines instances bureaucratiques qui se dérobent à la souveraineté populaire et transforment la société en laboratoire. Du ministère de l'Éducation à la Commission des droits de la personne en passant par la direction de la recherche de la plupart des ministères sociaux, on reconnaît à l'intérieur même des institutions publiques un parti progressiste qui définit sa légitimité dans sa prétention à éradiquer les dernières formes de vie traditionnelles dans la société québécoise à partir de grandes manœuvres qui relèvent de la rééducation thérapeutique. De la question de l'identité à celle de la technocratie progressiste, nous passons ainsi à celle de la démocratie, dans la mesure où c'est la souveraineté populaire qui est confisquée par la nouvelle caste technocratique, ce qui nous rapproche de la thèse du politologue anglo-américain John O'Sullivan, qui voyait dans un croisement de la question de la nation et de celle de la démocratie la nouvelle matière du conservatisme dans les sociétés occidentales[49]. Mario Dumont en aura eu l'intuition à l'automne 2008 lorsqu'il affirmera que « Les gens qui ont conçu ce cours sont les mêmes qui se battent, par toutes sortes de moyens détournés, pour qu'il n'y ait plus d'arbre de Noël dans les classes. C'est le même monde qui se bat pour faire disparaître les mots comme Pâques des classes ».

---

49. John O'Sullivan, *Conservatism, Democracy and National Identity*, Londres, Centre for Policy Studies, 1999. Cité dans Antoine Robitaille, « Le cours Éthique et culture religieuse : "une négation de l'identité québécoise" », *Le Devoir*, 10 novembre 2008.

Le conservatisme laisse ainsi deviner qu'il pourrait se transformer en politique de la refondation, ce qui n'ira pas sans un patient travail qui n'a rien d'évident dans une société qui ne trouve plus dans sa tradition intellectuelle les ressources conceptuelles pour penser son réenracinement. Certes, dans son expression politique, le conservatisme engendré par l'implosion de la culture politique postréférendaire a avorté, en bonne partie à cause de son incapacité à créer des élites minimalement conscientes de leur rôle et capables un tant soit peu de théoriser la nécessité historique de leur action. Cet échec est particulièrement visible avec l'ADQ qui a réussi sa mue conservatrice le temps d'une élection, mais qui n'est pas parvenue à métamorphoser le malaise qui l'a fait croître en une alternative gouvernementale crédible. Mais cet échec n'est pas sans lien avec une semblable faillite idéologique dans les milieux intellectuels sensibles à la question du conservatisme, comme on peut les reconnaître dans certaines revues comme *Égards* ou *Argument,* qui ne sont pas parvenus à dépasser une certaine esthétique réactionnaire ou mélancolique dans leurs projets intellectuels respectifs. Il faut probablement se tourner vers ceux qui assument le plus explicitement le nationalisme québécois pour retrouver un conservatisme qui se déprend de l'impasse progressiste où il avait été stationné depuis un demi-siècle et qui mènent une critique explicite du multiculturalisme d'État. Le conservatisme renaissant permettra peut-être au nationalisme québécois de se renouveler au moins partiellement à la manière d'un patriotisme occidental passant par la défense de la nation et la critique de l'ingénierie identitaire qui cherche à reconstruire la citoyenneté dans l'égalitarisme radical. Un conservatisme investi d'une certaine tonalité existentielle pour l'identité nationale se penserait non pas comme une tentative de retournement du Québec actuel contre celui de la Révolution tranquille, mais comme une ressaisie du vieil héritage national pour le réinvestir dans la défense d'une communauté politique assumant la profonde continuité de son expérience historique et

démantelant un consensus progressiste qui, par sa mue diversitaire, s'est définitivement placé en contradiction avec l'héritage
national. Ainsi, le conservatisme qui prend forme n'est peut-être
qu'une recomposition en profondeur du nationalisme, de l'identité québécoise. Il représente peut-être aussi le seul avenir de l'idée
d'indépendance.

Mon conservatisme

> *Quoi de commun entre un libéral disciple de*
> *Hayek, un monarchiste, un conservateur anticlé-*
> *rical, un intégriste catho, un fasciste? Rien. C'est*
> *le regard de la gauche qui les jette dans le même*
> *sac. Elle discrimine les droitiers respectables et*
> *d'autres qui ne le seraient pas. C'est la gauche qui*
> *définit les droites, et les somme de se positionner*
> *sur son échelle de valeurs.*
>
> DENIS TILLINAC, *Le Venin de la mélancolie*

Au printemps 2011, la revue *Argument* sollicitait ma contribution pour un dossier consacré à la question du conservatisme. La chose allait probablement de soi. Alors qu'on accuse souvent les gens de conservatisme, et qu'ils s'empressent de s'en défendre, ces dernières années, j'ai fait partie de ceux qui, chez les intellectuels ont cherché à réhabiliter ce terme en se l'appropriant positivement. La chose n'allait pas sans ambiguïté dans une société où ce terme est d'abord et avant tout défini par ceux qui en font le procès. Celui qui se déclare conservateur doit d'abord préciser ce qu'il n'entend pas par « conservatisme », qu'il n'est ni un conservateur social, ni encore moins un sympathisant de la droite religieuse, qu'il ne se désole pas des progrès de l'émancipation féminine et qu'il n'est pas nostal-

gique non plus du régime duplessiste. C'était l'orientation que je
pensais d'abord donner à mon papier. Mais les gens d'*Argument*,
des amis, insistaient : « Ne nous prépare pas un autre exposé théorique sur l'histoire et les vertus du conservatisme occidental.
Explique-nous plutôt ce que tu investis dans ce terme, les raisons
profondes qui t'amènent à t'en réclamer. » Mon ami Éric Bédard,
qui me connaît bien et qui connaît mon parcours intellectuel, m'invitait surtout à dévoiler les « origines familiales de mon conservatisme ». C'est dans cet esprit que j'ai commencé ce papier, un peu
bizarre, bien plus « autobiographique » que je ne l'aurais souhaité,
mais qui permet, du moins je l'espère, d'apercevoir la sensibilité
historique particulière au conservatisme québécois, si une telle
chose existe, si elle parvient un jour à prendre forme politiquement. J'ajoute une chose : on l'aura compris, dans ce livre, la question sans cesse reposée de nouvelle manière, celle des rapports entre
le souverainisme, le nationalisme et le conservatisme, me contraint
probablement à clarifier ce que j'entends par conservatisme — à
tout le moins, ce que je désigne par cette notion lorsque j'y réfère
positivement, à la manière d'une sensibilité, voire d'une philosophie politique, qui me semble nécessaire pour bien appréhender la
condition québécoise en particulier, et la condition politique occidentale en général. Alors je termine cet ouvrage un peu étrangement, en définissant non plus seulement le conservatisme tel qu'il
prend forme de nombreuses manières dans la société québécoise,
mais le conservatisme tel que je l'entends, tel qu'il devrait être, s'il
finissait par jouer un rôle dans l'avenir de notre société.

   Je viens d'une famille conservatrice. Mon père, qui a été élevé
dans le milieu de la petite bourgeoise nationaliste montréalaise, a
enseigné toute sa vie l'histoire du Québec et celle de la civilisation occidentale au Collège de Rosemont — il a même enseigné au cours classique, ce qui en dit quand même un peu sur le
monde dont il vient. Il appartient à cette génération d'historiens-
professeurs formés par l'École de Montréal, indépendantistes
convaincus, disciples de Maurice Séguin. Plus jeune, il avait connu

Raymond Barbeau, qui l'avait initié à l'indépendance. Nationaliste et conservateur, mon père : chez lui, en fait, les deux notions se croisent et ne font qu'une. Misanthrope, aussi, le père. Mais comme tous les misanthropes qui se respectent, il a le pessimisme joyeux. Et je n'ai jamais vu homme aussi dévoué à sa famille, aussi généreux. À ceux qui m'en parlent, je dis souvent qu'il s'agit d'un homme de devoir, d'un homme qui se tient droit. Il paraîtrait qu'il faut des modèles dans la vie. C'en était un. J'ai souvent dit qu'à cause de lui, je savais ce qu'était la fierté d'être un fils.

Ma mère vient plutôt de la vieille souche paysanne québécoise, de l'Outaouais rural, de Notre-Dame-de-la-Paix. Notre-Dame-de-quoi? Je me suis souvent demandé la même chose. Oui, c'est loin. Je le dis en toute objectivité : ma mère est une sainte femme. Elle vient d'un autre monde, d'une autre époque, d'une civilisation que nous ne connaissons plus et sur laquelle nous aurions tort de lever le nez, même si nous ne nous reconnaissons plus dans ses valeurs, dans les rôles qu'elle prescrivait aux hommes et aux femmes. Ma mère n'est pas une femme politisée. À tout le moins, pas au sens où nous entendons ce terme aujourd'hui. Les idéologies? Très peu pour elle, qui s'amuse de voir les hommes de la famille s'agiter les baguettes au souper du dimanche alors qu'elle s'affaire à empêcher le maladroit chronique qui lui sert de fils de produire une catastrophe. Le scénario est normalement le suivant : mon père peste contre le déclin de l'Occident, j'en rajoute, ma sœur lève les yeux au ciel et ma mère, après s'être faussement excusée de nous ramener aux choses concrètes, me rappelle que j'ai des comptes à payer et des aliments qui pourrissent dans mon frigo. Évidemment, elle a raison. Un exemple seulement, un peu impudique, mais pour lui rendre hommage : c'était en 2007, je crois, peut-être au début 2008. Elle avait un cancer assez sévère (dont elle s'est formidablement remise). Sans trop y penser, un peu égoïste, je raconte alors à mon père une ou deux difficultés dans le monde universitaire. Ma mère oublie alors qu'elle est cancéreuse et me chuchote, réconfortante : « Mathieu, viens manger à la maison, je

vais te faire ton souper préféré, tu vas voir, tout va aller mieux. »
J'en suis encore ému quand j'y pense. Il y a chez cette femme une
capacité d'abandon qui me bouleverse. Une sainte femme, je l'ai
dit. Pourtant, elle ne le sait pas, mais elle a des idées politiques, ma
mère : si l'enracinement porte un nom propre, c'est certainement
Muguette Bock. C'est une vieille bleue et elle l'est restée. Une bleue
nationale. Comme dirait l'autre, elle fait honneur aux « vieilles
valeurs ». Son indépendantisme est aussi profond que tranquille.
Un jour, j'écrirai peut-être un livre sur elle : la pensée politique de
ma mère. Ah oui. C'est un détail sans en être un. Mes parents ont
eu le bon goût de ne pas suivre la mode de l'époque. Ils ont bâti
non pas un couple avec des enfants, mais une famille. Ceux qui ne
saisissent pas la portée de cette nuance n'ont peut-être pas connu
le bonheur et la sécurité que procure la seconde. Pourquoi brossé-
je ainsi à gros traits mon histoire familiale ? Car mon premier sentiment politique n'est pas sans lien avec cela : c'est celui de la gra-
titude envers le donné, le devoir d'honorer une certaine filiation.
L'homme est d'abord un héritier. Nous ne venons pas de nulle part.

Ma famille était conservatrice, je l'ai dit. Mais non pas d'un
conservatisme social à l'américaine, bien que mon père ne fût pas
du genre à se classer à gauche sur les questions qui passionnent les
progressistes. L'essentiel était ailleurs, dans une critique de la tendance générale à la déresponsabilisation qui nous vient de Mai 68,
de l'individualisme jouisseur et hédoniste qui triomphe aujourd'-
hui sous les traits du festivisme diversitaire. Un individualisme
qui se dépouille des exigences de la citoyenneté et qui souhaite
accoucher d'un individu sans histoire, sans appartenance à une
communauté de mémoire et de culture. Encore aujourd'hui, j'entends souvent mon père pester contre « les droits, les droits. Les
gens n'ont que ça, des droits ». Une autre de ses expressions : « la
société du nombril ». Mon paternel cultive sans le vouloir une sensibilité antimoderne. De ce point de vue, nous comprenions spontanément, à la maison, la valeur de l'autorité légitime, et l'effet
pervers des critiques qui se veulent si incisives qu'elles finissent par

éroder le lien civique. Je me souviens d'une réplique récemment entendue, dans un très beau film, *La Faute à Fidel*. Après la mort du général de Gaulle, le grand-père de la famille confesse sa tristesse : « Le général est mort. La France est finie. » J'imagine très bien mon père dire une phrase semblable. Si la distinction entre la gauche et la droite recoupe, comme j'en ai tôt eu le sentiment, l'appréciation positive ou négative de l'héritage des *radical sixties*, ma famille était manifestement dans le deuxième camp.

En un sens, les années 1980 nous étaient favorables. C'était l'heure du renouveau conservateur. Reagan, Thatcher, ils avaient la cote à la maison. Mon père n'a jamais senti le besoin d'équilibrer les vertus et les torts des deux grands partis de la guerre froide. D'un côté, il y avait la démocratie occidentale, de l'autre, l'empire soviétique. Mon père, encore lui, n'avait pas en haute estime les intellectuels de gauche occupés à relativiser les vertus de la première pour atténuer la criminalité du second. Il n'avait rien du capitaliste enragé, loin de là. Mais il ne doutait pas un seul instant dans lequel des deux mondes il souhaitait vivre. Et je me souviens de la journée de la chute du mur de Berlin. Il m'a installé cette journée devant la télévision en me disant qu'un moment historique se déroulait sous nos yeux. Il exultait. J'exultais avec lui. Nous avions gagné.

Question de famille, donc. Question de tempérament aussi. D'aussi loin que je me souvienne, je ne me suis jamais imaginé « à gauche ». Cela m'a joué quelques tours rendu à l'âge adulte. Chez les intellectuels, il faut d'abord avoir été de gauche pour avoir le droit de ne plus l'être un jour. Sinon, on vous soupçonne de manquer de cœur, de tête. Le débat s'y fait non pas entre la « gauche » et la « droite », mais entre les nombreuses chapelles du progressisme. L'intelligentsia n'est pas la sphère de la société la plus ouverte au pluralisme intellectuel et politique. Elle est le premier domaine où s'exerce la souveraineté de l'Empire du Bien, pour reprendre la formule de Philippe Muray. Pourquoi n'ai-je jamais louché à gauche ? Je ne saurais dire, sinon qu'il y avait quelque chose dans l'utopisme du progressisme qui m'a toujours semblé en contradiction avec une dimension fondamentale de la nature humaine. Quelque chose comme un désaveu du réel. Et le progressisme représente en quelque sorte une falsification de la condition politique occidentale. Ce n'était pas pour moi. Et si un certain raffinement cosmopolite m'a toujours fait de l'effet — autrement dit, si j'estime le cosmopolite authentique qui féconde les cultures entre elles sans jamais renier pour autant sa civilisation d'appartenance et sans cesser d'aimer à sa manière son pays —, je ne l'ai jamais confondu avec la figure du citoyen du monde qui m'en semble la caricature.

C'est une question de lectures, enfin. J'ai commencé mon éducation politique assez tôt en m'intéressant à la politique française. Pour tout dire, elle me passionnait. La droite française des années 1980 avait le gaullisme décomplexé. Je m'y sentais à l'aise, dans le mélange assez spontané qu'elle proposait de nationalisme, de conservatisme, de libéralisme. De Gaulle! Ça c'était l'homme de la maison. Si la formule n'était pas exagérée, je dirais que je lui voue encore aujourd'hui une admiration inconditionnelle, que j'ai fini par vouer aussi à Churchill. Une lecture s'est vite imposée — on m'en parlait si souvent : Raymond Aron. On m'a offert ses mémoires vers l'âge de quinze ans. J'ai dû les relire une fois par année depuis en y réapprenant chaque fois les vertus de la société libérale, qui trouve justement sa grandeur dans le fait qu'elle prend le politique au sérieux sans faire de promesses salvatrices au genre humain. J'ai appris à considérer l'œuvre d'Aron comme une chambre de décompression idéologique. On y retourne pour se guérir de ses fièvres doctrinales. Dans la bibliothèque de mon père, où je m'acharnais à tout lire, surtout ce que je ne comprenais pas, on trouvait aussi Julien Freund, Bertrand de Jouvenel, Jacques Ellul, Hannah Arendt, Irving Kristol, et tous ceux qui pensaient, finalement, qu'au XXe siècle la défense de la liberté s'était confondue avec celle de l'Occident. (On trouvait aussi les ouvrages obligés du marxisme, évidemment. Je les ai lus assez tôt. Sans les aimer. Surpris?) Vision du monde élémentaire, simpliste, grossière? Pas vraiment, pour peu qu'on se rappelle la vigueur des luttes idéologiques qui ont marqué le xxe siècle et leur portée existentielle. Il y en avait qui préféraient avoir tort avec Sartre que raison avec Aron. Ce n'était pas le cas à la maison.

Pourtant, famille conservatrice ne rime pas nécessairement avec éducation conservatrice. À tout le moins pas explicitement. Car si ma famille n'était pas à gauche, elle n'était pas occupée à se penser à droite. Ce n'était pas le vocabulaire de l'époque. Nous n'étions pas occupés, chez nous, à jouer au conservatisme, comme le font les néophytes et les convertis qui passent à droite et décident de s'en réclamer, comme les zozos d'en face qui jouent aux gauchistes. Le conservatisme était une évidence, en quelque sorte, qui n'était pas nécessairement nommée comme telle. Car les convictions conscientes de la famille se portaient sur une autre cause : l'indépendance du Québec. À la maison, nous voulions un pays. Pas un pays de gauche ou de droite. Un pays. Parce qu'un peuple se gouverne lui-même. Tout simplement. Mon père était passé par l'école de Maurice Séguin. Il n'a jamais cessé d'être un de ses disciples. J'ai probablement entendu parler de l'« agir-par-soi collectif » vers six ans. C'est dans l'espoir de l'indépendance et dans l'admiration de ceux qui la poursuivaient que nous avons été élevés, sans qu'on cherche pour autant à nous transformer en militants. Ça non plus, ce n'était pas dans le genre de la maison.

Je devais avoir sept ou huit ans, et mon père m'a fait jouer un vieux trente-trois tours qui réunissait les discours du général de Gaulle lors de son passage au Québec. Mon père, un professeur d'histoire qui a l'air d'un professeur d'histoire, avec la barbe, la taille, le tempérament, les grognements bourrus, était ému (il le contesterait, évidemment). Avant de pester contre les Québécois « ti-clins » qui n'avaient pas eu le courage de leur indépendance en 1980 alors qu'on la leur offrait sur « un plateau d'argent ». Comme tous les conservateurs qui se respectent, mon père est d'abord un patriote. Il s'inquiète bien davantage pour les questions culturelles, sociales, morales, que pour les exigences comptables de la seule croissance économique. Non pas qu'il s'en moque. Il préfère la prospérité à la pauvreté et se demanderait bien quelle mouche a piqué les partisans de la décroissance. Mais il sait bien qu'une existence collective n'est pas réductible à une série d'exigences comptables. C'est au sommet des partis conservateurs qu'on retrouve les néolibéraux qui instrumentalisent ensuite le patriotisme pour imposer un programme en contradiction avec les valeurs profondes de leurs électeurs. Mais cela, je ne le comprendrai que plus tard, beaucoup plus tard.

L'indépendance. Première passion politique qui est devenue fondatrice, peu à peu, d'un certain engagement politique. Je l'ai toujours vécue ainsi : le Québec est notre seul pays. Nous n'en avons pas d'autre. C'est le seul endroit dans le monde où nous pouvons exister comme un peuple normal. Avoir un pays n'est pas un gadget identitaire parmi d'autres. C'est la condition même de notre participation au monde en notre propre nom. Et peu importe le jeu des circonstances, et même si je sais faire preuve de réalisme politique comme c'est le cas dans les années actuelles, l'indépendance m'a toujours semblé une nécessité vitale. En 1990, au moment où Meech échouait, au moment où Lucien Bouchard incarnait la dignité blessée du Québec, mon paternel avait commenté l'actualité ainsi : « Il se tient debout, Bouchard. » J'avais cru comprendre que ce beau monsieur à l'allure de chef de nation était à classer chez les défenseurs du Québec. Un autre souvenir, à propos de cet accord. Je vais demander à mon père les conséquences d'une éventuelle réussite de Meech. Il m'explique en quelques mots que si le Québec est reconnu comme société distincte, il risque de reporter indéfiniment son indépendance. Je lui réponds comme un gamin qui cherche à plaire à son père : « Mais Papa, ce n'est pas bien, ça voudra dire qu'on n'aura pas de pays. » Je me souviens encore de son regard lorsqu'il m'attrape l'épaule et me dit, à la manière d'un compliment : « Mon gars ! Mon gars ! »

J'ai passé mes dépliants au référendum de Charlottetown pour battre cet accord que je disais « odieux », sans trop savoir pourquoi (n'empêche qu'il l'était réellement). Puis j'ai fait la même chose en 1993 pour le Bloc, en 1994 pour le PQ et en 1995 pour l'indépendance. Le soir du 30 octobre, j'étais dévasté. On venait d'échouer dans la poursuite du pays. Un an plus tard, le jour de mes seize ans, ou à peu près, j'ai pris ma carte du Parti québécois, certain que l'indépendance était pour après-demain. Dans mon imaginaire de jeune homme, qui exagère tout ce qu'il touche et confond souvent grandeur et démesure, je rejoignais la France libre, ou quelque chose de semblable. Sans surprise, je me suis retrouvé avec les purs et durs du PQ, à l'époque où ils ne rassemblaient pas seulement les marginaux du mouvement. J'avais lu assez jeune Marcel Chaput et Pierre Bourgault. Si j'aime encore le premier, je préfère depuis longtemps René Lévesque au second. Il représente bien davantage que ne l'ont concédé ses thuriféraires, une figure de continuité dans l'histoire du nationalisme québécois.

C'est ici que les problèmes commencent. Je me croyais normal, patriote parmi d'autres dans un grand parti d'abord voué à la réalisation de l'indépendance. Je me suis retrouvé, sans trop comprendre pourquoi, dans la marge, un endroit politique pas très confortable où je ne souhaite à personne de se retrouver, surtout qu'on en sort péniblement et qu'on y prend de mauvais plis. J'ai toujours accepté d'y être si mes idées s'y trouvent, mais à condition de travailler fort pour en sortir, de transformer mon idée bizarre en idée normale. C'est au PQ que j'ai découvert une chose : tous n'envisageaient pas l'indépendance comme moi. À mes côtés, des nationalistes, bien sûr, mais aussi beaucoup de progressistes (le progressisme et le nationalisme n'étaient toutefois pas encore systématiquement contradictoires, à l'époque) pour qui l'indépendance n'était pas une fin en elle-même, mais un moyen au service du progrès social ou de je ne sais quelle tocade idéologique. Il y avait une tension, une vraie, entre leur vision du Québec et la mienne. Combien de fois, pendant mes années au PQ, ai-je répété que je n'achetais rien du programme péquiste, sinon l'article 1. L'indépendance, oui, le reste, non! Il fallait tout sacrifier pour le pays. À ceux qui voulaient m'entendre, mais aussi à ceux qui ne le voulaient pas, j'expliquais que la souveraineté était aux peuples ce que la liberté était aux individus, que l'indépendance était une nécessité vitale. La gauche instrumentalisait la souveraineté : il fallait seulement affranchir la seconde de toutes les idéologies. La droite ? C'était encore la meilleure manière d'être ailleurs, de dissocier la question nationale de la question sociale en me consacrant exclusivement à la première.

Avec des variations, évidemment, j'ai trouvé là un créneau politique que je n'ai jamais renié tant que j'ai évolué dans la grande famille souverainiste, comme militant d'abord (un militant aussi exaspérant que maladroit et sincère, quand j'y repense), ensuite comme conseiller politique, puis comme dissident et, peu à peu, comme compagnon de route, enfin, comme vieil ami qui n'est plus vraiment de la famille mais qui ne parvient pas vraiment à couper les ponts avec elle. Chez les souverainistes, j'ai milité longtemps, très longtemps, ce qui m'a conduit, de 2003 à 2004, au cabinet de Bernard Landry, où j'étais rédacteur de discours et autres tâches connexes. Après un an, j'étais convaincu d'une chose : le PQ était enfoncé dans un cul-de-sac progressiste dont il ne sortirait pas. Il avait consenti à la confiscation de la cause nationale par un progressisme de moins en moins porté par l'esprit de coalition. Un député qui a changé de parti depuis, et surtout de fonction, m'avait déjà expliqué patiemment qu'il fallait sacrifier le vote des nationalistes conservateurs (au moins il savait qu'ils existaient) pour celui des altermondialistes (étrangement, il croyait qu'ils se comptaient par centaines de milliers). Une question m'occupa alors l'esprit : se pourrait-il que le souverainisme ait été confisqué par le progressisme depuis plus longtemps que je ne le croyais ? C'est une question que je me pose encore aujourd'hui (et j'ai cherché à y répondre un peu dans ce livre).

J'aurais dû passer à droite — politiquement, je veux dire. En fait, j'ai essayé, en fondant un cercle qui n'a pas duré, le Cercle Raymond Aron, où j'ai rassemblé des amis, la chose est simple, et des amis d'amis, la chose l'est moins. Parce que, si mes amis avaient à peu près mon parcours, celui de souverainistes pas-à-gauche ayant largué à moitié le Parti québécois à cause de ce que l'on finirait par nommer sa démission identitaire et de son progressisme exagéré, les amis des amis, eux, étaient… franchement de droite. D'une droite que je ne connaissais pas. Et souvent fédéralistes. J'avais bien pensé, mégalomanie de jeunesse aidant, rassembler sous le signe du conservatisme les différentes familles de la droite, je me rendais compte que celles-ci avaient pratiquement moins en commun qu'on ne le disait. Surtout, ma patience envers l'antinationalisme primaire était moins grande que je ne le croyais. Et plus encore, c'est là que j'ai rencontré une catégorie d'idéologues bien particuliers : les libertariens. On en parle beaucoup aujourd'hui. Mais à l'époque, avant les réseaux sociaux en quelque sorte, ils étaient durs à rencontrer. Je les fréquentais, par alliance ! Ils n'étaient pas de gauche, je n'étais pas de gauche. Nous nous cherchions des points communs : nous n'en trouvions pas vraiment, sinon la défense de la responsabilité individuelle. Je constatais une chose : ma droite n'avait pas grand-chose à voir avec celle de mes collègues. Je voyais la droite comme une défense de l'expérience historique d'une société et de son caractère fondateur sur le plan politique, comme une sortie de la mauvaise conscience occidentale et une sortie de l'imaginaire thérapeutique, ils la voyaient comme une radicalisation de l'utopie individualiste et progressiste qui me semble avoir fait tant de mal aux sociétés occidentales. Pour eux, la droite, c'était la lutte contre l'étatisme. Point barre. J'avais fini par appeler conservatisme mon nationalisme sans utopie. Ils appelaient droite une autre manière d'être à gauche. J'étais pour l'histoire, ils étaient pour l'utopie. Le mariage pouvait difficilement se faire, le divorce est vite venu.

On pense avec les questions que suscite son temps. Mon nationalisme « conservateur » s'est fixé peu à peu sur une question qui m'intéressait depuis longtemps, mais qui a fini par m'obséder : la critique du multiculturalisme. J'ai eu l'occasion de l'écrire 100 fois, et je ne m'y attarderai pas ici, mais après le référendum de 1995, les souverainistes ont démissionné sur le plan identitaire et se sont convertis au multiculturalisme, dont ils devinrent les promoteurs les plus convaincus. La chose me semblait en contradiction avec les raisons les plus fondamentales qui motivaient l'existence d'un mouvement souverainiste au Québec. À tout le moins, elle était en contradiction radicale, profonde, avec les raisons qui m'avaient amené vers le mouvement national, d'autant plus que le leadership souverainiste remplaçait désormais le nationalisme par un progressisme nouveau genre, l'indépendance devant apparemment se faire pour favoriser ici la création d'une république altermondialiste, féministe, écologiquement responsable, et ainsi de suite. La souveraineté n'avait plus rien à voir avec la nation. Alors que mes amis d'amis du Cercle Raymond Aron étaient seulement occupés à la critique du modèle québécois, et faisaient le procès de l'étatisme, j'étais de plus en plus préoccupé par l'avenir du mouvement souverainiste, et l'invitait à sortir de son cul-de-sac progressiste pour redevenir la grande coalition nationaliste qu'il n'aurait jamais dû cesser d'être (c'est du moins ainsi que je voyais les choses). Mon objectif était clair : il fallait sauver la cause souverainiste et la décrocher des mains de la gauche. Non pas pour la donner à la droite. Surtout pas. Mais pour la réinvestir du principe de coalition. Mais pour certains, cela suffisait évidemment pour vous classer à droite. N'est-ce pas Dany Laferrière qui, à la suite d'Alain, répétait récemment que celui qui refuse de s'aligner sur l'axe gauche-droite avoue à ce moment même qu'il est un homme de droite ?

Je n'avais jamais embarqué dans le virage du nationalisme civique. J'en suis assez rapidement devenu un critique « insistant ». D'abord sur le mode de l'exaspération polémique, celle d'un jeune militant qui voudrait bien être considéré comme un jeune intellectuel et qui n'hésite pas à exagérer ses propres convictions pour bien marquer son désaccord avec ceux qu'il critique. C'est à Jacques Beauchemin que je dois de m'être intellectuellement transformé, je dirais même peu à peu assagi, si je ne risquais pas de déclencher le ricanement de mes amis et collègues. Sociologue à l'UQAM, héritier de Fernand Dumont, il avait publié en 2002 un livre remarquable, *L'Histoire en trop*, qui correspondait à mes intuitions les plus profondes sur la transformation de la question nationale. Avec lui, j'ai commencé à traduire mes exaspérations polémiques dans les termes de la sociologie politique, avec les exigences de rigueur qui l'encadrent. Et j'ai commencé à mener mes travaux universitaires sous sa direction. Avec lui, je suis devenu sociologue. J'étais persuadé que Beauchemin était conservateur même s'il n'utilisait pas ce terme. Pourquoi? Parce qu'il pensait lui aussi le politique sous le signe de l'héritage, de l'appartenance historique. Parce qu'il ne consentait pas à la dissolution du monde commun sous une pluralité sans point fixe. C'est avec Beauchemin que j'ai eu l'intuition nette que je finirais un jour par dissocier, mais cela prendrait du temps, le conservatisme de la droite.

Le Québec postréférendaire a donc permis à deux figures assez contrastées du conservatisme de surgir potentiellement dans l'espace politique québécois : d'un côté, un conservatisme identitaire et culturel, de l'autre côté, une droite néolibérale, voire libertarienne, centrée sur la critique du modèle québécois. Pourtant, si avec la crise des accommodements raisonnables, le nationalisme conservateur a pris sa place, pas nécessairement sous cette bannière d'ailleurs, dans l'espace public, le débat entre la gauche et la droite qui s'impose dans le Québec contemporain laisse une place finalement marginale au conservatisme tel que je l'entendais, peut-être un peu trop personnellement. Qu'on me permette l'image suivante : entre les deux tendances du Cercle Aron, ce n'est pas la mienne qui a remporté la bataille de la définition de la « droite ».

Tout le monde parle de la montée de la droite, qui forcerait à une recomposition du paysage politique. Il s'agit d'une nouvelle droite à la québécoise, en quelque sorte, qui se constitue non pas sur la critique du progressisme, mais bien au contraire, sur sa réappropriation hypermoderniste. J'ai déjà eu l'occasion de mener cette critique dans le précédent chapitre mais j'y reviens un peu ici. La nouvelle droite québécoise n'est pas conservatrice. Elle place comme seul horizon politique le droit de l'individu de choisir, de se désaffilier de toute forme d'appartenance collective, ce qui l'amène à radicaliser le contractualisme qui est pourtant à la base du progressisme. La nouvelle droite entend ainsi déclasser la gauche dans la recherche du progressisme. La nouvelle droite se reconnaît le même horizon moral que la gauche : elle croit seulement y arriver en faisant l'économie de l'État plutôt qu'en misant sur lui. Si elle vise juste lorsqu'elle dénonce la bureaucratisation abusive des rapports sociaux ou lorsqu'elle critique le gonflement irresponsable de la dette publique, elle erre gravement lorsqu'elle fait le procès de la solidarité sociale mise en forme politiquement par l'État, comme si l'individualisme ne devait pas équilibrer son indispensable appel à la responsabilité individuelle par un souci de justice envers les moins favorisés, qui ne sont pas nécessairement des irresponsables, mais des victimes de restructurations économiques ou sociales qui se calculent à l'échelle mondiale mais qui dévastent des vies bien réelles, qui ont peu d'emprise sur les circonstances qui s'abattent sur elles. On l'oublie souvent, mais l'individu strictement économique auquel se réfère une certaine droite, qui devrait suivre le mouvement des marchés et de la croissance pour se trouver de l'emploi, est désincarné, il n'a ni famille ni patrie, ou du moins il ne doit pas en tenir compte dans la poursuite de son intérêt économique. C'est dans son rapport au nationalisme, toutefois, que la nouvelle droite dévoile son radicalisme. C'était au printemps 2011. J'assistais avec une accréditation médiatique au premier grand rassemblement montréalais du Réseau Liberté Québec. Un politologue y faisait une conférence sur les vertus de la continuité historique. Il invitait la droite à s'approprier le vieux fond bleu québécois, sans quoi il lui prédisait un avenir groupusculaire. Un homme s'est levé dans la salle pour poser une question au micro. Je résume son propos : la protection politique de la langue française serait une offense faite aux libertés individuelles, la culture québécoise nous enfermerait dans un réduit provincial en contradiction avec le grand marché nord-américain.

En quelques mots, cet homme présentait la condition québécoise comme un fardeau. On l'a gratifié d'une ovation debout.

Si j'avais besoin d'une dernière confirmation, je l'ai eue à ce moment. La nation, une prison ? La condition québécoise serait trop lourde à porter, il faudrait s'en délivrer ? La québécitude serait en quelque sorte une tare congénitale ? Évidemment, ce monsieur n'était pas le porte-parole de son mouvement. Il n'en représentait pas moins la sensibilité dominante de la nouvelle droite, je crois bien. La droite qui monte n'est pas la mienne. J'estime plusieurs de ses représentants, certains sont même des amis. Ce n'est pas qu'elle se trompe toujours dans ses analyses. C'est qu'elle se trompe sur le fond. Autrement dit, si nos analyses se croisent à l'occasion, je dois bien constater que le fond philosophique dans lequel nous baignons n'est pas le même. C'est Denis Tillinac qui a raison ici : « Peut-être la gauche serait-elle moins arrogante si ses adversaires imposaient sur le forum des débats autres que comptables[1]. »

La question s'est alors imposée clairement : pourquoi de droite ? Pourquoi m'attacher à une étiquette dont je dois perpétuellement me justifier en expliquant qu'elle ne renvoie pas à son contenu médiatiquement reconnaissable. Si j'étais en France, en Grande-Bretagne, j'accepterais l'étiquette sans problème. Là-bas, je serais gaulliste ou churchillien. Se pourrait-il qu'au Québec elle porte davantage à confusion qu'autre chose ? Se pourrait-il que la distinction entre conservatisme et progressisme soit plus fructueuse, même si elle est plus difficile à formater politiquement ? Même si elle n'est pas appelée dès demain à structurer le champ politique ? Mais le travail de la pensée politique a-t-il vraiment pour fonction de recouper les catégories partisanes qui dominent pour l'instant l'espace public ?

J'en reviens à mon premier terme : conservatisme. Qu'est-ce qu'être conservateur ? Être conservateur, c'est d'abord ne pas être

---

1.   Denis Tillinac, *Le Venin de la mélancolie*, Paris, La Table ronde, 2004, p. 131.

progressiste, si on me permet cette définition par la négative. Je propose souvent cette distinction : devant le fait de la socialisation, le conservateur aperçoit une civilisation de l'homme, le progressiste aperçoit, lui, une aliénation, qui le rend spontanément critique du principe d'institution et de la reconnaissance d'une filiation historique dans la définition de l'existence sociale. Alain Finkielkraut écrit dans *Nous autres, modernes* que « tout ce qui n'est pas rationnellement explicable ne relève pas nécessairement de la bêtise ou de l'obscurantisme. Le conservateur, autrement dit, perçoit comme une menace l'approche technicienne du monde symbolique[2] ». Le conservatisme repose sur une anthropologie forte qui refuse l'idée d'une pure plasticité de l'homme, disponible pour tous les constructivismes, pour toutes les expérimentations idéologiques.

Voilà la définition que je propose du conservatisme : une disposition fondamentalement défavorable à l'utopisme et à sa conséquence inévitable, la technocratisation de la société. Au conservateur, le mythe de l'homme nouveau fait peur, il l'inquiète. Il refuse l'homme nu, l'homme sans qualités, pour reprendre la formule de Robert Musil, qui croit s'émanciper mais qui ne fait que se décharner et s'appauvrir existentiellement. Le conservatisme refuse non pas la modernité, bien évidemment, qui porte en elle un authentique potentiel d'émancipation à travers la démocratie libérale et l'affirmation de l'individu délivré des pesanteurs excessives de son encastrement communautaire, mais un scepticisme devant ses promesses démesurées. Je définirais aussi le conservatisme à la manière d'un scepticisme devant l'idéologisation radicale de l'existence, comme si la vie devait être politisée intégralement et quadrillée dans chacune de ses dimensions par des ingénieurs sociaux occupés à reconstruire tous nos milieux de vie selon les exigences de l'hyperdémocratie. Il y a dans l'existence une part d'ombre qui ne doit pas être complètement dissipée, sans quoi la liberté

---

2. Alain Finkielkraut, *Nous autres, modernes. Quatre leçons*, Paris, Ellipses, 2005, p. 270.

humaine elle-même risque de se pervertir en se laissant définir comme un fantasme démiurgique. C'est dans cette perspective, d'ailleurs, que j'en suis venu à consacrer une part substantielle de mes réflexions à ce que j'appelle les pathologies de l'émancipation.

Je parle souvent d'expérience historique. Le conservatisme peut et doit se porter à la défense des médiations historiques et culturelles qui épaississent l'humanité de l'homme et dont la déconstruction permet bien moins l'émancipation de l'individu que l'appauvrissement existentiel et culturel de la collectivité à travers laquelle il accède à la condition politique. La nation est évidemment la première de ces médiations, puisqu'elle porte l'expérience occidentale du politique, comme le rappelle souvent Pierre Manent[3]. L'école en est une autre, puisqu'elle est responsable de la transmission culturelle dans ses exigences les plus fondamentales. Plus largement, l'homme sans la culture est appelé à se replier dans une intimité de plus en plus vidée de sens, qu'il risque d'occuper dans une frénésie consommatrice placée sous le signe du divertissement publicitaire. Notre époque en donne évidemment une illustration affligeante. Cet homme peut aussi en venir à parler le langage de la revendication victimaire, comme si la société lui devait tout et qu'il n'était aucunement responsable devant elle. C'est notre rapport à l'idée de tradition qui se précise ici. La tradition, qui n'est pas qu'un bric-à-brac de coutumes plus ou moins désuètes, est le premier des contre-pouvoirs : elle limite la prétention démiurgique du pouvoir à refonder la société comme si elle lui appartenait, comme si la société appartenait à l'État. Elle rappelle que la société dispose de bien des savoirs accumulés par son expérience historique, des savoirs qui ne peuvent être discrédités d'un seul mouvement par les ingénieurs sociaux et autres théoriciens officiels du vivre-ensemble. C'est parce qu'une société est déjà quelque chose qu'on ne peut en faire n'importe quoi. C'est parce qu'une société est

---

3. Pierre Manent, *Le Regard politique*, Paris, Flammarion, 2010.

pleine de son passé qu'on peut refuser une toute puissance du présent sur elle. Une société qui liquiderait toute son expérience à chaque passage de génération serait inhumaine. Il n'est pas inutile de relire les *Réflexions sur la Révolution en France* de Burke pour se convaincre de la pertinence d'une défense conservatrice du déjà-là, du donné, de l'héritage, contre ceux qui cherchent à contractualiser tous les rapports sociaux, qui n'en finissent plus de rêver à une pure transparence égalitaire où toute la société serait soumise à une logique de planification managériale.

De ce point de vue, mon conservatisme est moins qu'une doctrine et plus qu'un sentiment. Moins qu'une doctrine, car je me méfie des idéologies, des systèmes d'explication du monde dans lesquels les intellectuels s'enferment trop facilement pour ne plus en sortir. (J'aime bien me rappeler cette pensée de Chesterton, qui soutenait que la politique avait pour tâche de tenir ensemble des principes contradictoires mais également nécessaires : la liberté et l'égalité, le cosmopolitisme et l'enracinement.) Plus qu'une sensibilité, car mon désaccord avec le progressisme est fondamentalement philosophique. En quelque sorte, mon conservatisme m'a amené à réfléchir sur la question des fondements de la communauté politique, sur les limites intrinsèques du contractualisme démocratique, sur la charge existentielle de la condition politique. Si l'homme est d'abord un héritier, c'est qu'il se présente devant un monde qui est déjà là et qui lui survivra. Je l'ai dit : il n'a *pas le droit* de tout reprendre à zéro, même s'il a le droit d'innover, de remanier largement l'héritage reçu. Sur cette question, Alain Finkielkraut a écrit des pages remarquables dans *L'Ingratitude*[4]. Le rapport au politique se pose ici : comment penser le politique sans l'investir d'une charge utopique, sans le réduire non plus à une fonction procédurale ? Car la condition humaine se pense fondamentalement sur le registre de la finitude. L'utopisme est fonda-

---

4.   Alain Finkielkraut, *L'Ingratitude*, Montréal, Québec Amérique, 1999.

mentalement problématique parce qu'il cherche à fabriquer une société parfaite avec des hommes imparfaits et repose sur l'idéal d'une pleine maîtrise des rapports sociaux, d'une société transparente à elle-même dans toutes ses dimensions, alors que cet idéal me semble fondamentalement porteur d'une tentation autoritaire.

J'évoque souvent la tradition politique occidentale, le savoir politique accumulé par les nations occidentales. Cette condition politique est aujourd'hui écartelée par un triple mouvement qui risque de la disloquer, à tout le moins de la fracturer. Je pense d'abord au déploiement du turbocapitalisme mondialisé, qui déterritorialise et dématérialise l'économie au profit exclusif d'une caste de traders désaffiliés de toute responsabilité civique. La dissolution de l'existence dans la stricte rationalité des marchés est la forme la plus caractéristique de ce que j'appellerais un « progressisme de droite ». Je pense en deuxième lieu au déploiement de l'État thérapeutique, qui exerce une forme d'hégémonie gestionnaire sur les rapports sociaux et travaille au nom de l'inclusion à la déconstruction de toutes les formes d'appartenances historiques et culturelles traditionnelles. Je pense, enfin, à la confiscation de la souveraineté populaire par les tribunaux, qui réactivent la vieille idée d'un despotisme éclairé. Un despotisme doux, certes. Mais un despotisme quand même. Comme si le peuple n'avait plus la maturité morale pour se gouverner sans tuteurs. C'est probablement ce qui arrive lorsqu'on disqualifie radicalement le sens commun, qui fonde la rationalité ordinaire des sociétés démocratiques. Les questions existentielles, celles qui portent sur la définition même de la communauté politique, sont de plus en plus souvent désinvesties du débat public, sous le fallacieux prétexte qu'elles entraîneraient tôt ou tard la transformation de la souveraineté populaire en tyrannie de la majorité, contradictoire avec les droits humains, sans qu'on sache au juste qui a le droit exclusif de définir ceux-ci et d'en étendre chaque année un peu plus la définition à travers l'empire des chartes. La judiciarisation du politique vide la démocratie de sa substance. Or c'est justement parce que ces questions existentielles sont présentes au cœur de l'espace public que l'individu s'y investit pour exercer ses responsabilités civiques et qu'il se transforme ainsi en citoyen. Des responsabilités qui l'amènent à prendre ses responsabilités dans une communauté politique avec laquelle il n'entretiendra pas qu'un rapport instrumental. On ajoutera que la liberté d'expression, qui est certainement le sel des sociétés libérales occidentales, est aujourd'hui compromise par cette confiscation juridique du politique. Le débat public est affadi par un dispositif inhibiteur que nous avons pris l'habitude d'associer à de la rectitude politique, dispositif qui détermine les critères de la respectabilité médiatique et politique en censurant plus souvent qu'autrement toute remise en question d'un certain progressisme obligatoire.

Ce n'est pas sans raison que j'en suis revenu à mes premières lectures, à Raymond Aron et aux aroniens de gauche comme de droite, qui s'inscrivent naturellement dans cette perspective. Mon conservatisme m'a amené à réfléchir sur les préconditions morales et culturelles nécessaires à l'institution de la société libérale, société libérale qu'il faut défendre dans toutes ses dimensions. Une chose est certaine, toutefois : les principes du libéralisme sont indissociables des mœurs qui les irriguent. On comprend pourquoi, de ce point de vue, la défense du libéralisme est indissociable de celle du substrat culturel qui en a accouché — comme le confirme aujourd'hui la question centrale de l'émancipation féminine. La question des mœurs prend ici tout son sens : on remarque ainsi, dans certaines coutumes religieuses ou culturelles légitimées par le multiculturalisme dominant, une négation radicale de l'émancipation féminine, de l'individualité féminine, même, sous une forme d'apartheid sexuel dont on voit l'étendue des conséquences sociales et juridiques. Pourtant, l'émancipation féminine est au cœur du patrimoine politique et culturel de la démocratie occidentale, de la société libérale. On comprend ici que les principes libéraux (comme la liberté de conscience ou, plus exactement, la liberté de religion) ne sauraient sérieusement justifier leur instrumentalisation par ceux ou celles qui entendent nier la culture qui les ont rendus possibles. La société libérale présuppose une culture, des habitudes, des coutumes, des mœurs mêmes, qui sont celles de la civilisation occidentale. Elle présuppose une forme de civilité démocratique qui vient nourrir les institutions. Elle ne se réduit pas à l'adhésion aux chartes des droits. La culture des droits et libertés s'est retournée contre les pratiques sociales et culturelles qu'elle devait préserver. Au-delà de la division politique entre la gauche et la droite telle qu'on la connaît partout en Occident, la division idéologique, elle, porte, je l'ai déjà dit, sur l'appréciation différenciée de l'héritage soixante-huitard, et plus exactement, aujourd'hui, sur les enjeux culturels liés à la mutation thérapeutique de l'État social. C'est à partir de cette ligne de clivage, à tout le moins, que je me représente désormais le conflit idéologique dans les sociétés occidentales.

* * *

Je n'entendais pas ici épuiser la question du conservatisme. Je n'entendais pas non plus raconter tout mon parcours idéologique, politique ou intellectuel. Aucunement. Je n'entendais pas non plus proposer une version précoce de mon autobiographie intellectuelle — la chose serait sans intérêt, pour l'instant. J'essayais seulement d'expliquer comment, à partir d'une éducation conservatrice bien normale, moi, qui me suis longtemps, sinon toujours, imaginé à droite, ne serait-ce que pour avoir un peu d'air à respirer dans le Québec progressiste, j'en suis venu à me questionner sur cette étiquette, sur sa portée, sa signification. Et pourquoi, dans un Québec qui fait aujourd'hui sa place à la droite, je m'y dérobe, au nom d'un conservatisme qui ne la recoupe finalement pas. D'un conservatisme qui ne voudrait rien dire s'il n'était d'abord porteur d'un profond sentiment d'appartenance au Québec, qu'il me serait impossible de renier sans me renier moi-même.

Remerciements

Ceux qui connaissent l'histoire politique française récente l'auront remarqué : le sous-titre de cet ouvrage consacré aux « origines du malaise politique » québécois, je l'ai emprunté au démographe Emmanuel Todd, qui a fait paraître il y a plus de quinze ans une note remarquablement perspicace consacrée « aux origines du malaise politique français ». Avant toutes choses, je devais reconnaître cette dette intellectuelle.

J'adresse mes remerciements à mon père, d'abord, comme il va de soi, premier lecteur de ces textes. Je l'ai souvent dit, c'est à lui que je dois mes premières intuitions intellectuelles, les plus fécondes, celles qui m'ont amené à toujours reprendre la question du Québec pour mieux la comprendre. Merci aussi à ma mère qui, sans le savoir, a influencé à sa manière ma pensée politique en incarnant les vertus que je valorise. Merci ensuite aux copains et amis, Carl Bergeron, Benoît Dubreuil, Charles-Philippe Courtois, Patrick Sabourin, Guillaume Marois, Guillaume Rousseau, Mathieu Pelletier, Robert Laplante, Patrick Taillon, Éric Bédard, Jacques Beauchemin, Marc Chevrier, Alexandre Cadieux-Cotineau, Simon-Pierre Savard Tremblay, Joëlle Quérin, Myriam D'Arcy et tant d'autres, avec qui j'ai souvent discuté des grandes thèses présentées dans cet ouvrage. À Jacques Godbout, qui a accueilli ce projet de livre généreusement, au moment où il en attendait un autre, et qui a su, comme toujours, formuler les conseils nécessaires pour faire d'un assemblage de réflexions un ouvrage qui en est vraiment un. Son travail sur ce manuscrit est considérable. Merci enfin à l'équipe du Boréal pour son travail remarquable. Cela doit être noté. Comme le veut la coutume, je précise qu'aucune des personnes ici mentionnées n'est responsable des propos qui sont les miens.

Si l'idée de cet essai m'habitait depuis longtemps, il aura fallu un déclencheur singulier pour que je « passe à l'acte ». Cherchez la femme, dit le proverbe (qui, bien évidemment, ne ment pas). C'est au cours d'un souper avec celle qui était alors ma toute nouvelle copine que s'est imposée à moi cette évidence : ces essais sur le Québec consacrés à la sociologie de notre fin de cycle québécois correspondaient pour moi à l'aboutissement au moins temporaire d'une certaine démarche intellectuelle. Je dois à Karima la discussion éclairée et éclairante qui m'a convaincu de m'y engager.

Note bibliographique

Certains des textes ici réunis ont déjà fait l'objet d'une publication. C'est le cas de « L'échec du souverainisme officiel », d'abord paru sous le titre « Bilan du souverainisme officiel » dans les pages de *L'Action nationale*, en janvier 2010. Ce chapitre reprend aussi des extraits d'un article paru en 2009 dans *Recherches sociographiques*, « L'identité occidentale du Québec ». « La question du conservatisme au Québec » est d'abord paru sous le titre « La mémoire du duplessisme et la question du conservatisme au Québec » dans Xavier Gélinas et Lucia Ferretti (dir.), *Duplessis, son milieu, son époque* (Québec, Septentrion, 2010). Enfin, une première version de « Mon conservatisme » est parue dans le numéro d'automne-hiver 2011-2012 de la revue *Argument* sous le titre « Fragments d'une éducation conservatrice ». Les autres textes sont inédits. Il va de soi que tous ont été actualisés et profondément remaniés et développés.

Table des matières

Crédits et remerciements

Les Éditions du Boréal reconnaissent l'aide financière du gouvernement
du Canada par l'entremise du Fonds du livre du Canada (FLC) pour leurs activités
d'édition et remercient le Conseil des Arts du Canada pour son soutien financier.

Les Éditions du Boréal sont inscrites au Programme d'aide aux entreprises du livre
et de l'édition spécialisée de la SODEC et bénéficient du Programme de crédit
d'impôt pour l'édition de livres du gouvernement du Québec.

Illustration de la couverture : Bruce Roberts

EXTRAIT DU CATALOGUE

Ce livre a été imprimé sur du papier 100 % postconsommation,
traité sans chlore, certifié ÉcoLogo
et fabriqué dans une usine fonctionnant au biogaz.

MISE EN PAGES ET TYPOGRAPHIE :
LES ÉDITIONS DU BORÉAL

ACHEVÉ D'IMPRIMER EN FÉVRIER 2012
SUR LES PRESSES DE L'IMPRIMERIE GAUVIN
À GATINEAU (QUÉBEC).